sulle orme
della storia

GIULIO SAPELLI

MODERNIZZAZIONE SENZA SVILUPPO

IL CAPITALISMO SECONDO PASOLINI

goWare

L'ebook è molto di +
Seguici su facebook, twitter, ebook extra

© goWare 2015, Firenze

ISBN: 978-88-6797-338-5

Copertina: Lorenzo Puliti

goWare è una startup fiorentina specializzata in digital publishing

Fateci avere i vostri commenti a: info@goware-apps.it

Blogger e giornalisti possono richiedere una copia saggio
a Maria Ranieri: mari@goware-apps.com

Il canto dell'usignolo.
Prefazione alla presente edizione

Il canto dell'usignolo sale nella notte a Milano. Mi sveglia. Non ci si addormenta più. È un canto che avrebbe dovuto scomparire, pensavamo, come il chiarore delle lucciole ed invece è qui tra l'umanità affastellata nei condominii, tra i comignoli che non fumano più ma respirano ed espirano polvere, tra i sordi rumori di una notte che non finisce mai con l'alba. È la tradizione di Pasolini che oggi rivive e convive tra le "mosche del capitale". Ciò che Pier Paolo non aveva intravisto si è oggi avverato. Le mosche sono ovunque. E hanno tutte invaso le macchine mondiali, permeandole del loro appiccicoso sudore. Eppure l'usignolo canta. La modernizzazione senza sviluppo si è inverata ma appena inveratasi si è dissolta, è diventata disgregazione, ibridazione, amalgama non riuscito. È diventata il dolente volto di un'Italia su cui solo Zanzotto ha saputo specchiarsi, in questo unico erede di Pier Paolo. Ma anch'egli ci ha abbandonato, tra "fosfemi" che brillano tra il Montello e l'Etna, passando per una Roma ormai irriconoscibile. E pure "le ceneri di Gramsci" vi riposano ancora, anche se più nessuno lo sa. Neppure il lucido sguardo reazionario di Pier Paolo avrebbe potuto immaginare l'abbandono che si traveste da trasformazione. La "bella gioventù" diventa ironia e il "transumanar e organizzar" un orpello mediatico. Solo l'usignolo ancora canta ed è l'ultimo raggio di speranza nella fine della notte senz'alba.

Giulio Sapelli

Ringraziamenti

Questo libro è una rappresentazione editoriale della restituzione della voce tramite la scrittura. Una voce non recitante, un altro da sé, come accade nel teatro, oppure nella malattia che oscura i legami della razionalità con l'affettività. Si tratta di una voce che recita l'esperienza di una riflessione intellettuale e di una dimestichezza con il parlare in pubblico, per tramite dell'avvenimento ripetuto e serializzato della lezione universitaria. La voce è la mia, ma non è mia la scrittura. Perché? La risposta è nel fatto che di questo libro non doveva esservi traccia se non nelle registrazioni di un corso che era – più di altre volte – un insieme di conversazioni; conversazioni che scaturivano da un impegno preso con me stesso il giorno in cui, con il varo della riforma universitaria che porta il nome di Luigi Berlinguer, iniziava anche istituzionalmente il lungo genocidio che avrebbe portato a compimento a distruzione l'università italiana, consegnandola alle sue tare originarie. Da queste, l'università è stata ed è ancora salvata soltanto dall'intelligenza degli intellettuali che hanno scelto di essere in essa servitori della cultura (anziché della demagogia insita nel tutoraggio studentesco non selettivo) e dalla severità degli studi, dei quali gli studenti medesimi sono soggetti in prima persona. In effetti, quando l'università pone al proprio centro lo studente di per sé anziché la riproduzione del sapere, si avvia verso morte sicura.

Da queste considerazioni derivava la scelta di svolgere il corso di storia economica dell'anno accademico 2000-2001 non sui consueti temi monografici, attinenti al dettato dell'insegnamento nelle sue più limitate interpretazioni, bensì sul canto del più

7

alto e dolente interprete del genocidio italico che si produsse dinanzi alla modernizzazione senza sviluppo: Pier Paolo Pasolini. Il libro parla da sé.

Rimane però da dire la cosa più importante. Veronica Ronchi è la vera autrice di questo testo.

La scrittura, infatti, è il frutto di diverse stratificazioni di pensiero e di azione. In primo luogo, il lavoro paziente di convincimento attuato nei miei confronti da amici, studenti ed ex studenti che a quel corso parteciparono: Roberta Garruccio e Germano Maifreda in primis, senza i quali non saprei neppure concepire il mio lavoro universitario; Francesco Cataluccio, allora direttore editoriale della Bruno Mondadori, il quale non cessò mai di sollecitare questa edizione; Sara Roncaglia, Sergio Fiorini, Mattia Granata, i quali sono ben più di "vecchi" studenti: sono compagni di una vita intellettuale. E quindi ecco giungere Veronica Ronchi: tenace, impegnata, la più giovane di tutti noi, che, ritornata dalle lontane terre sudamericane dove si era recata per la sua tesi di laurea, ha voluto, con la sua cultura, riannodare il filo di un'esperienza e di un passaggio intellettuale che mi si configura dinanzi come un dono prezioso e intatto.

Claudia Sonino, che del ristretto circolo di quella comunità di destino qui evocata fa parte, e Roberta Garruccio, infine, hanno voluto rileggere il testo finale e di ciò non posso che continuare a meravigliarmi.

GIULIO SAPELLI

Premessa

Gli anni del boom economico in Italia sono caratterizzati da una forte crescita industriale correlata all'aumento del reddito e all'espansione dei consumi, ma anche da alcune contraddizioni. Al rapidissimo processo di industrializzazione degli anni Sessanta si accompagna infatti, in maniera crescente, un cambiamento sociale che ha le sue manifestazioni più evidenti nell'abbandono delle campagne del Sud, ma anche nell'emersione di alcune forme di malessere giovanile, come i *teddy boys*, o di fenomeni più complessi, come il terrorismo. Pasolini si pone come coscienza critica di fronte a questi avvenimenti. Egli incarna ancora, per certi versi, quel rapporto intellettuale-popolo così ben delineato da Gramsci, e ciò in particolar modo nella rubrica di corrispondenza che cura su "Vie nuove", dove risponde a lettere su argomenti i più disparati, e si fa interprete e guida, anche morale, dei suoi lettori. I "Dialoghi" su "Vie nuove" rappresentano un aspetto dell'opera pasoliniana ingiustamente sottovalutato rispetto alle più famose *Lettere luterane* e agli *Scritti corsari:* è proprio questo, infatti, l'aspetto del suo lavoro in cui si rivelano i fondamenti culturali da cui muoverà nella sua critica alla modernizzazione.

Il rapporto instaurato da Pasolini con i suoi lettori, come con i sottoproletari, è caratterizzato dalla volontà di farsi guidare dalle masse, di essere continuamente richiamato alla genuinità e alla positività del loro mondo. Il sottoproletariato romano, così come quello napoletano, hanno creato una propria storia (diversa da quella delle classi dominanti), dove gli stessi orientamenti all'azione si sono riproposti per anni fino all'avvento di un cambiamento economico che ha imposto anche un cambiamento comportamentale. La vita era misera per tutti da secoli, ma era una vita di grande libertà spirituale.

Pasolini vede che proprio per mezzo della forza centrifuga del neocapitalismo anche il sottoproletariato si trasforma. E cambia grazie all'avvento della televisione, che impone una nuova lingua artificiale, l'italiano, ma anche un nuovo modello umano di riferimento, quello piccolo-borghese, edonista, che penetra nelle coscienze attraverso quel rapporto pervasivo che solo questo nuovo mezzo riesce a creare. La televisione, quindi, non è il tanto enfatizzato strumento di diffusione democratica: diventa piuttosto un dispositivo di manipolazione, un mezzo pacificante atto a stabilire l'ordine attraverso prodotti diversi ma sempre rassicuranti.

Anche le nuove forme di malessere sociale che si accompagnano alla rivoluzione studentesca del Sessantotto sono, per Pasolini, frutto di questa modernizzazione imposta dall'alto. Il Sessantotto segna una linea di demarcazione tra una storia in cui il rapporto intellettuale-popolo era necessario per costruire le relazioni politiche e un momento in cui la nascita dell'industria culturale si impone come unico orizzonte possibile. Pasolini percepisce che si tratta di una rivoluzione di classi medie, nella quale la borghesia si rivolta contro se stessa e non ha più bisogno né del rapporto con gli intellettuali né del rispetto per la scienza, ma solo di distruzione e di violenza.

Il voto, nel 1974, a favore del referendum sul divorzio discende da questa trasformazione, perché non esiste una reale acquisizione di una mentalità laica, ma solo la penetrazione di un nuovo modello umano che passa attraverso la televisione e che elogia il consumismo come modello di vita: anche la sessualità viene vissuta in questo modo.

In Italia è quindi assente quella lenta maturazione delle coscienze che aveva caratterizzato gli altri paesi investiti dall'industrializzazione: è l'orrenda Nuova Preistoria. La distruzione dei valori nell'Italia del boom investe sia gli intellettuali cattolici sia quelli di sinistra, entrambi incapaci, secondo Pasolini, di interpretare il cambiamento. E, nella crisi anomica, quest'intellettuale inserisce anche la chiesa cattolica che, con Paolo VI, ricerca una possibile apertura ad altre culture perché si sente esclusa dalla propria ma è colpevole anch'essa di non trovare nessuna concreta via di cambiamento.

L'unica speranza resta la preistoria arcaica dell'Italia africana e poi delle masse del Terzo Mondo, ancora in grado di resistere alla modernizzazione senza sviluppo.

Questo libro, e prima ancora il corso universitario da cui esso discende, si propone di analizzare gli scritti più evidentemente politici e sociologici di Pasolini (dando ampio spazio agli articoli sul "Corriere della Sera" così come a quelli per la rubrica di corrispondenza di "Vie nuove"), ma non solo. Questo lavoro è un intarsio tra la drammatica visione del cambiamento di Pasolini, la storia dell'Italia del secondo dopoguerra e le vicende personali di un maestro, Giulio Sapelli, che ha vissuto e testimoniato tali cambiamenti. Un intarsio che questa trascrizione non ha voluto assolutamente snaturare.

VERONICA RONCHI

1
L'immagine della struttura sociale

1.1 La metamorfosi del sottoproletariato romano

«*Accattone* può essere visto anche, in laboratorio, come il prelievo di un modo di vita, cioè di una cultura. Se visto così può essere un fenomeno interessante per un ricercatore, ma è un fenomeno tragico per chi ne è direttamente interessato: per esempio per me, che ne sono l'autore.»[1] Così scrive Pasolini sul "Corriere della Sera", meno di un mese prima della morte, riferendosi al suo primo film girato tra il 1960 e il 1961.

L'analisi della struttura sociale, che Pasolini compie nei suoi romanzi ma che è certamente più visibile nei suoi film, è attuata tramite un continuo lavoro antropologico – come vedremo in dettaglio nel capitolo 2 –, approfondito grazie a una vita spesa con i personaggi delle sue sceneggiature e dei suoi racconti. Pasolini riesce a dare forma alla trasformazione sociale che ha luogo in Italia tra gli anni Sessanta e Settanta percependone i fattori di cambiamento più significativi, che possono essere identificati in un generale mutamento di mentalità, studiato e descritto a partire dalle borgate romane. Nel saggio sopra citato sul film *Accattone* il poeta inquadra la cultura del sottoproletariato come secolare e ne coglie il tratto distintivo nel trasferimento dalle campagne alla città. Tale spostamento, che aveva dato luogo a un

---

[1] P.P. Pasolini, "Il mio *Accattone* in Tv dopo il genocidio", *Lettere luterane*, in *Saggi sulla politica e sulla società*, Mondadori, Milano 1999, p. 674.

processo di ruralizzazione della città stessa, aveva portato però, nel tempo, a una rottura antropologica. Scrive infatti Pasolini:

> Se io oggi volessi rigirare *Accattone,* non potrei più farlo. Non troverei più un solo giovane che fosse nel suo "corpo" neanche lontanamente simile ai giovani che hanno rappresentato se stessi in *Accattone.* Non troverei più un solo giovane che sapesse dire, con quella voce, quelle battute.[2]

Il lavoro di Pasolini, proprio perché di natura antropologica, si focalizza sui simboli e sui meccanismi della comunicazione simbolica, tra cui l'espressività dei gesti, delle parole e dei comportamenti. In questo senso il poeta si concentra, specialmente durante la giovinezza, nello studio dei dialetti e della trasformazione linguistica.

Ciò da cui è incuriosito è la raccolta di storie di vita quotidiana, frammenti di esperienze del sottoproletariato romano a cui darà voce nei romanzi degli anni Cinquanta. Pasolini può essere paragonato, in questo senso, a un altro grande interprete della trasformazione avvenuta negli anni Sessanta, Danilo Montaldi, autore di *Autobiografie della leggera*, che intarsia storie di vita con le mutazioni sociali dei proletari e dei sottoproletari del Cremonese. Anche nelle inchieste di Montaldi si trova ben descritto il processo transitorio dalla civiltà contadina a quella industriale, ma il suo occhio è certamente più distaccato rispetto a quello pasoliniano, privo della nostalgia per il mondo contadino che caratterizza il poeta.

Nella sua indagine all'interno del sottoproletariato romano, Pasolini si sofferma soprattutto sugli aspetti marginali, ossia su tutte quelle espressioni poco studiate e poco considerate, dallo stile di vita al comportamento, dal linguaggio del corpo all'abbigliamento stesso; tematiche, queste, che sono emerse solo in studi sociologici recenti, mentre nei primi anni Sessanta costituivano per lo più uno spunto polemico nei confronti della macchina capitalistica.

---

2 *Ivi,* p. 677.

Pasolini individua, collocandola a metà degli anni Settanta, la nascita di un disciplinamento culturale che viene imposto sugli stili di vita propri dei sottoproletari romani.

> I personaggi di *Accattone* erano tutti ladri o magnaccia. Si trattava di un film sulla malavita. Naturalmente c'era anche, intorno, il mondo della gente di borgata, implicata, sia pure, nell'omertà della malavita, ma, infine, normalmente lavoratrice [...]. Ma, in quanto autore, e in quanto cittadino italiano, io nel film non esprimevo affatto un giudizio negativo su quei personaggi della malavita: tutti i loro difetti mi sembravano difetti umani, perdonabili, oltre che, socialmente, perfettamente giustificabili. I difetti degli uomini che rispondono ad una scala di valori "altra" rispetto a quella borghese: e cioè "se stessi" in modo assoluto.[3]

Quello che gli interessa, in questo film, non è tanto un giudizio morale, che naturalmente lo porterebbe a condannare il malavitoso, quanto il drammatico cambiamento dello stile di vita nelle borgate: Franco Citti, in *Accattone*, è l'emblema di un mondo ormai scomparso, che in dieci anni è stato totalmente alterato perché sottoposto a un violento disciplinamento. E dice ancora:

> Sono personaggi enormemente simpatici: è difficile immaginare gente simpatica [...] come quella del mondo di *Accattone,* cioè della cultura sottoproletaria e proletaria di Roma fino a dieci anni fa.[4]

Pasolini si contrappone alla tendenza di matrice illuministica a dare una valutazione positiva del progresso.

> Le nostre anime si sono corrotte nella misura in cui le nostre scienze, le nostre arti hanno progredito verso la perfezione.[5]

Come per Rousseau, Pasolini vede nello stato di natura una sorta di età dell'oro, in cui l'uomo poteva raggiungere la felicità,

---

3 *Ibidem.*

4 *Ibidem.*

5 J.-J. Rousseau, *Discorso sulle scienze e sulle arti*, in P. Alatri (a c. di), *Scritti politici di J.-J. Rousseau*, UTET, Torino 1970, p. 216.

«uno stato che non esiste più, che forse non è mai esistito, che probabilmente non esisterà mai».[6] Entrambi si oppongono alla condizione dell'uomo civilizzato e pertanto corrotto dall'educazione e dalle istituzioni. Il progresso, dunque, è visto come un cambiamento fortemente negativo, destinato ad accrescere sempre di più la disuguaglianza tra gli uomini.

Pasolini guarda alla persistenza della tradizione in ogni orientamento all'azione in cui essa si manifesta, compresa l'azione illegale, alla ricerca di elementi che continuino a rimanere estranei all'economia monetaria e alla mercificazione. Il passaggio dalla società precapitalistica a quella industriale viene vissuto dal poeta come un vero e proprio genocidio culturale:

> Il genocidio ha cancellato per sempre dalla faccia della terra quei personaggi. Al loro posto ci sono quei "sostituti", che, come ho avuto già occasione di dire, sono invece i personaggi più odiosi del mondo.[7]

Dietro a questi concetti si intravede l'influenza delle opere di Ernesto De Martino che descrivono l'Italia come un paese con forti squilibri strutturali fra Settentrione e Meridione. Oggetto di studio diventa proprio il Sud del paese, con i suoi stili di vita e modelli culturali appartenenti a quelle civiltà mediterranee non ancora soggette, negli anni Cinquanta, al meccanismo di sfruttamento capitalistico. De Martino affronta per primo il problema dell'autonomia della cultura contadina del Meridione. Le sue ricerche etnologiche, dai primi anni Cinquanta, rivelano una società rimasta emarginata per secoli da ogni contesto nazionale, con forti carenze istituzionali, e che ha quindi sviluppato un sistema di valori proprio. Pasolini guarda all'Italia partendo da questi presupposti, come se essa continuasse a rimanere esclusa dal capitalismo, e lo fa attraverso la creazione artistica, con la poesia.

---

6 J.-J. Rousseau, *Discorso sull'origine e i fondamenti della diseguaglianza*, in P. Alatri (a c. di), *Scritti politici di J.-J. Rousseau*, cit., p. 281.

7 P.P. Pasolini, "Il mio *Accattone* in Tv dopo il genocidio", cit., pp. 677-678.

Metà e più dei giovani che vivono nelle borgate romane, o insomma dentro il mondo sottoproletario e proletario romano, sono, dal punto di vista della fedina penale, onesti. Sono anche bravi ragazzi. Ma non sono più simpatici. Sono tristi, nevrotici, incerti, pieni di un'ansia piccolo-borghese; si vergognano di essere operai; cercano di imitare i "figli di papà", i "farlocchi". Sì, oggi assistiamo alla rivincita e al trionfo dei "figli di papà". Sono essi che oggi realizzano il modello-guida.[8]

Pasolini rivela qui un altro concetto importante: il modello di riferimento. Una serie di studi sociologici condotti a metà degli anni Settanta da Walter Runciman individua in qual modo la popolazione percepisce le differenze di status e di ricchezza sociale. Da svariate inchieste condotte in quegli anni, ma anche da studi più recenti, risulta spesso un'incongruenza tra la classe sociale cui l'intervistato sostiene di appartenere e la realtà della sua condizione. Spesso, il riconoscimento di sé nel mondo si riferisce a modelli di autostima che si sviluppano attraverso un'attribuzione di valore a tutto il proprio patrimonio culturale di riferimento.

Il mondo vissuto e descritto da Pasolini è estremamente interessante in questo senso, perché si colloca sul crinale della disgregazione dei modelli di autostima riferiti al lavoro proletario. I minatori inglesi dell'Ottocento e di tutta la prima metà del Novecento erano molto fieri di essere minatori: il loro modello di autostima era autoreferenziale. È quello che succede oggi ai minatori norvegesi, che proiettano sui figli la continuità storica del loro mestiere, e si definiscono proletari. Il sottoproletariato di *Accattone*, prima dell'avvento della società del consumo, vedeva se stesso come modello di riferimento dell'autostima, anzi, dileggiava chi non apparteneva ai suoi valori.

Pasolini identifica dunque la tradizione con l'assunto "i figli assomigliano ai padri", ossia con l'immobilità tipica della civiltà

---

8 *Ivi*, p. 678.

contadina, che esisteva come elemento culturale coeso: un figlio di contadino non solo mai avrebbe immaginato di non fare il contadino, ma pensava che tale condizione fosse un punto di riferimento importantissimo, che facesse addirittura parte del suo destino.

Pasolini dà voce all'elemento di disgregazione dei meccanismi di riferimento dell'autostima autoreferenziale; e lo fa da poeta, individuando il nuovo modello di riferimento della gioventù del 1975: l'elemento piccolo-borghese, derivante dall'innalzamento del reddito e dalla mutazione dei modelli di riferimento. Il giovane sottoproletariato romano comincia a invidiare i ragazzi inurbati, che non vivono nelle borgate ma nelle case e sono entrati di fatto nell'economia monetaria godendo di livelli di vita più elevati. Un simile punto di vista, naturalmente, sconvolge qualsiasi idea di progresso. Pasolini legge l'idea di emancipazione sociale in un'ottica relativistica rispetto ai criteri economici: non è necessaria tanto l'aspirazione a un miglior livello di vita, quanto la conservazione di un'integrità culturale.

Come intellettuale, percepisce che la disgregazione del mondo contadino porta a un aumento della violenza diffusa, a causa del crollo dei modelli di riferimento e di autostima. L'aspirazione all'arricchimento immediato si esprime spesso con atti di violenza.

> Il lettore confronti personaggi come i pariolini neofascisti che hanno compiuto l'orrendo massacro in una villa del Circeo, e personaggi come i borgatari di Torpignattara che hanno ucciso un automobilista spaccandogli la testa sull'asfalto: a due livelli sociali diversi, tali personaggi sono identici: ma i "modelli" sono i primi, quei figli di papà che così a lungo – per secoli – sono stati sfottuti e disprezzati dai ragazzi di borgata che li consideravano nulli e pietosi. Mentre erano fieri di ciò che essi erano: della loro "cultura", che dava loro gesti, mimica, parole, comportamento, sapere, termini di giudizio.[9]

---

9 *Ibidem.*

Ovviamente, nel clima enfatico del boom economico la maggioranza dei critici si contrappone alla visione pasoliniana:

Tutti quelli che mi rimprovera no la mia visione catastrofica in quanto totale (se non altro dal punto di vista antropologico) di ciò che è oggi l'Italia, mi deridono compassionevolmente perché non tengo conto che il materialismo consumistico e la criminalità sono fenomeni che dilagano in tutto il mondo capitalistico, e non solo in Italia. Vili, disonesti, sciocchi: possibile che non gli passi neanche lontanamente per il cervello che negli altri paesi dove questa peste dilaga ci sono dei compensi che ristabiliscono in qualche modo l'equilibrio?[10]

Pasolini rievoca un elemento caratteristico dell'Italia del dopoguerra, il passaggio dalla società preindustriale a quella industriale nell'arco di soli vent'anni. Negli anni Cinquanta l'Italia era ancora una società agricola e commerciale, non tanto per proporzione del Pil, ma perché la grande maggioranza della popolazione non era occupata in attività industriali.

In Inghilterra, in Francia e negli Stati Uniti l'avvento della società industriale ha rappresentato un processo secolare, e i meccanismi di disciplinamento sociale si sono affermati con grande gradualità, producendo mutamenti culturali lentissimi (è stato concesso più di un secolo ai contadini inglesi per avvicinarsi al lavoro in fabbrica). L'industrializzazione ha modificato i modi di agire, imponendo alcuni comportamenti, per esempio andare in fabbrica tutte le mattine alla stessa ora e acquisire una mentalità di risparmio. Sono nate anche istituzioni specifiche che hanno avuto il compito di diffondere la cultura industriale su larga scala.

In Italia, questo sconvolgimento della società contadina avviene in una ventina d'anni attraverso le migrazioni forzate, dal Veneto e dal Polesine prima, dal Meridione poi. Analoghi giganteschi spostamenti sono avvenuti negli altri paesi europei già nell'Ottocento e si trovano ben descritti nelle pagine di Dickens, straordinario sociologo, che inquadra la vita del proleta-

---

10 *Ivi*, pp. 679-680.

riato londinese del periodo; un proletariato che in Italia si forma solo dopo la fine della seconda guerra mondiale.

Nel nostro paese l'industrializzazione è stata una violenta irruzione, che ha sradicato dall'età contadina nuclei familiari, culture personali, comportamenti umani che si riproponevano da centinaia d'anni.

Nelle sue opere Pasolini rappresenta questi cambiamenti e intuisce, ancor prima dei sociologi, che in altri paesi questa trasformazione era avvenuta con alcuni compensi, attraverso un lento disciplinamento. E se oggi tali questioni sono altamente dibattuti negli anni Sessanta solo una mente dal grande intuito profetico come quella di Pasolini poteva analizzare, oltre che testimoniare, tali cambiamenti.

1.2 Pasolini e la controversa adesione al PCI

Sin dagli esordi nel mondo letterario, Pasolini si è sempre dichiarato comunista. E tuttavia, no? può essere riconosciuto come un pensatore marxista in senso classico.

Un intervento fatto a Roma il 6 giugno del 1975 a un'assemblea di intellettuali, e successivamente pubblicato sull'"Unità", esprime molto bene la sua posizione. In questa conferenza Si evidenzia tutta la contraddittorietà del pensiero di Pasolini: a quest'epoca, infatti, la cultura che si presenta in Italia come progressiva e che si basa su principi illuministi è proprio quella comunista. Tuttavia Pasolini è convinto delle sue scelte, evidentemente per un fatto morale:

> Voto per il Pei senza il minimo dubbio, o la minima incertezza interiore. Perché so che la razionalità del marxismo è più forte di qualsiasi contingenza anche sgradevole, di qualsiasi situazione particolare che regoli i rapporti tra i comunisti di estrazione o formazione borghese.[11]

---

[11] P.P. Pasolini, *Voto Pci per contribuire a salvare il futuro*, in *Saggi sulla politica e sulla società*, cit., pp. 1564-1565.

Egli crea un paradigma autoregolativo attraverso la civiltà contadina, in cui concretizza la sua visione della resistenza, volta a opporsi a un meccanismo di mercificazione mediante la conservazione dell'attività individuale e della cultura di appartenenza.

Dall'inizio del 1960 e per i quattro anni successivi, le scritture cura una rubrica di corrispondenza con i lettori su un settimanale del partito comunista, "Vie nuove". Questo giornale illustrato molto popolare è una pubblicazione divulgativa che parte dai fatti reali che riguardano le famiglie e si oppone alle organizzazioni cattoliche collaterali. Il tipo di rubrica a cui contribuisce Pasolini testimonia, innanzitutto, la grande partecipazione politica caratteristica degli anni Sessanta: al giornale arrivano centinaia di lettere ogni settimana, soprattutto di giovani, sugli argomenti più disparati, che spesso descrivono particolari condizioni sociali. Tutte queste lettere hanno un andamento retorico molto significativo: non sono originali ma passano attraverso il filtro della redazione.

Pasolini risponde, il 1° ottobre 1960, a una lettera di Giovanni Cristini che chiede la sua opinione in mento alla questione dei "non-residenti" nella Roma del 1960, ossia quella parte della popolazione che non può ottenere la cittadinanza dal Comune perché sprovvista di un lavoro stabile. Scrive Pasolini:

Il problema dei non-residenti è proprio un elemento che mette in evidenza questa nuova fase del. sottoproletariato della capitale (quasi tutto emigrato dal Sud): infatti – a contatto di una nuova realtà sociale, di nuove e immediate difficoltà – i più passivi, inerti, rassegnati dei sottoproletari si vivificano: lo spirito disperato di avventura che, dai tristi e affamati paesi del Sud, li ha portati a Roma, trova qui nuova materia dove esercitare h sua vivacità, la sua speranza. [...] Che un cittadino italiano possa essere non-residente, è mostruoso. [...] Il non concedere la residenza significa fare un processo alle intenzioni: il che è tipico dei governi paternalistici e fascisti. [...] Non concedendo la residenza, le "autorità" romane ammettono semplicemente e impudentemente questo: a Roma non c'è modo di lavorare. [...] E allora?

Certo, un campo di concentramento è sempre la soluzione migliore [...] E infatti le borgate, volute dai fascisti e consacrate dai democristiani, sono dei veri e propri campi di concentramento.[12]

I "Dialoghi" su "Vie nuove" ricoprono una certa importanza all'interno del percorso di Pasolini. Di fatto, non si parla molto della grande industria che si sta sviluppando proprio in quegli anni, ma delle manifestazioni marginali del boom economico. Le risposte di Pasolini ai lettori mostrano in maniera inequivocabile la sua cattolicità: i suoi interventi si avvicinano molto alle lettere pastorali dei vescovi, con cui hanno in comune uno stesso giudizio empirico e moralista.

In un altro "Dialogo", nel luglio 1961, Pasolini effettua un'autodiagnosi davanti al lettore, illustrando i riferimenti culturali da cui muove per sviluppare un processo di critica alla società. Come mai lui, figlio di borghesi, è diventato comunista? Con grande umiltà, Pasolini dice:

Io "ero ricco, possedevo" [...]. Ero ricco sentimentalmente e il mio era un possesso di vasti campi di cultura, anche, in certe zone, in certe sezioni, raffinata. E la ricchezza dalla cui presenza è più difficile liberarsi, perché va trasformata radicalmente e strutturalmente. Non conta nessun atto di rinuncia [...]. Non potrò mai dimenticarmi di aver tanto posseduto Rimbaud e Proust...[13]

---

[12] P.P. Pasolini, "Vie nuove", n. 39, 1 ottobre 1960, in *Saggi sulla politica e sulla società*, cit., pp. 902-904. Vicino alla descrizione di altri campi di concentramento, questa volta di un ventennio precedente a quelli che Pasolini vede nelle borgate romane, si trova il lavoro di Norman Lewis, militare inglese, capitato a Napoli durante la seconda guerra mondiale. Il giovane ufficiale s'innamora della popolazione locale, entra nella vita del popolo con l'intento di comprendere, non di giudicare, la cultura napoletana. In questo modo ci regala, attraverso i suoi diari etnografici raccolti in *Napoli '44*, pagine dense di descrizioni della prostituzione, del mercato nero e della vita di soli espedienti caratteristica degli ultimi anni della seconda guerra mondiale.

[13] P.P. Pasolini, *La vigente ingiustizia*, "Vie nuove", n. 27, 8 luglio 1961, in *Saggi sulla politica e sulla società*, cit., p. 945.

A livello familiare, la trasmissione dei valori avviene solo attraverso la madre, che gli infonde la propria ricchezza culturale e l'amore per la tradizione, iniziandolo alla letteratura. La figura di riferimento non è il padre, da lui considerato un uomo rozzo e conformista e al quale oppone un netto rifiuto, ma la madre, che segnerà profondamente la sua personalità.

Pasolini, come si è visto, dà una definizione" della struttura sociale riferendosi a connotazioni tipiche della scienza antropologica. Questa sua – idea della struttura sociale è costruita intorno alla descrizione delle relazioni tra gli individui e al senso che queste relazioni acquistano. L'elemento regolativo che fonda il suo giudizio morale sulla modernizzazione è l'ipotesi che stia andando perduta quella civiltà, che Pasolini identifica con la civiltà contadina, nella quale il sistema di relazioni sociali e il sistema di connotazioni, cioè il significato attribuito ai processi vitali, garantivano all'uomo un'integrazione comunitaria felice, senza angosce.

Quando ha inizio il disagio del dolore civile? Quando viene meno il rapporto fusionale con la natura e con le origini, nel caso specifico incarnato, agli occhi del poeta, dal Friuli. Qui Pasolini vede un ideale regolativo: quando si fuoriesce da questo mondo senza ricostruire legami societari comunitari che diano senso ai comportamenti, ha inizio la regressione. L'idea di progresso gli è dunque estranea, non nel senso che questo concetto non possa esistere, ma perché non lo ravvisa nell'Italia che si sta formando proprio in quegli anni. Gli indicatori che si utilizzano per segnalare il progresso, per esempio la crescita economica o l'aumento del reddito, non sono, per Pasolini, elementi sufficienti a delineare una reale evoluzione.

Il dialetto friulano, una lingua parlata, è il primo elemento con cui definire lo stato di relazione. Prima dello sviluppo capitalistico e dell'integrazione nell'economia monetaria, che cosa caratterizzava la società? Un sistema di relazioni governato dal dialetto, ossia una lingua che non aveva avuto un'integrazione sovracomunitaria. Pasolini non è un "parlante friulano" di nascita, impara il dialetto mosso dalla volontà di integrazione nella società contadina.

I "Dialoghi" sono stati spesso sottovalutati dai critici perché non sono né scritti letterari né scritti di aperta denuncia politica,. bensì articoli che si rivolgono da un lato al popolino, dall'altro ai militanti di sinistra meno acculturati. In questa collaborazione con "Vie nuove", in realtà, Pasolini compie una precisa scelta identitaria. Egli accetta di scrivere sulla rivista pur non avendo la tessera del Partito comunista: nonostante sia stato iscritto al PCI nel periodo dopo la Resistenza, tra il 1945 e il 1946, ne è stato successivamente escluso con l'accusa di omosessualità, venendo di conseguenza allontanato anche dall'insegnamento. Pasolini ha subito il trauma del rifiuto da parte della comunità a causa della propria identità omosessuale, oltre al trauma dell'assassinio del fratello, partigiano che aveva partecipato alla resistenza in Friuli-Venezia Giulia.

La corrispondenza che Pasolini tiene su "Vie nuove" rivela i paradigmi morali della sua Critica alla modernizzazione e lascia intuire che questo rigetto ha radici nelle sue esperienze di vita: nessuno gli ha trasmesso il senso della modernità. La critica alla modernizzazione si compie anzitutto nel suo intimo, la connotazione significativa è nella sua vita.

L'unico punto di riferimento è rappresentato per il poeta dalla staticità dell'amore biologico naturale, cioè l'amore per la madre, il solo aspetto della vita a essergli rimasto sempre fedele. Il mondo di Pasolini è pregno di disperata solitudine di rifiuto nei confronti di chiunque si presenti come un "apportatore meccanico" del progresso. È dentro la tragicità dell'essere che il poeta compie questo intreccio tra vita personale ed esserci nel mondo. Mai come nel rapporto con il mondo contadino la vita rappresenta l'eticità dei valori morali di quest'uomo.

Nella stessa lettera del 1961 cui si accennava prima, Pasolini descrive la sua infanzia piccolo-borghese, i ricordi di un mondo scomparso:

Mio padre In gioventù e stato molto ricco. Ma quando sono nato io
[...] viveva del suo (misero) stipendio. Io ho passato dunque una tipica infanzia piccolo-borghese italiana. Dignità e miseria. [...] Insomma potrei scrivere un volume di ricordi di dignitosa povertà.[14]

Gli studi del sociologo Friedrich George Friedmann rivelano il mondo dei contadini attraverso un elemento caratteristico,
ossia la dignità della povertà, che Pasolini non troverà più nel
mondo delle borgate romane del 1975 e che oggi è presente nella
condizione contadina solo in alcune realtà del Terzo mondo.
È proprio nella dignità e nella povertà che si cela il mito pasoliniano. Certo, in questo mondo esiste un sistema di potere che Pasolini individua, captandolo dagli insegnamenti della madre. Anche
il ruolo sociale ricoperto da questa donna è di fondamentale importanza. Susanna Pasolini, infatti, è maestra elementare e vive la realtà
quotidiano con i bambini, esseri che, secondo Rousseau, sono naturalmente buoni perché ancora estranei al sistema di corruzione della
società. La madre proviene dall'universo dei valori precapitalistici, da
cui deriva la sua visione del mondo fatalmente classista: da una parte
i signori e dall'altra loro, i poveri. Pasolini è nato in mezzo a questi valori di riferimento, come dice lui stesso. Egli costruisce quindi un'immagine della struttura sociale attraverso le relazioni linguistiche, il
sistema dei segni della corporeità, ma senza dimenticare che questo
mondo è attraversato da un sistema di potere e di divisione.

Più che come un marxista, dunque, Pasolini può essere visto
come un pensatore utopico socialista. Non possiede, dei marxisti, l'elemento di fondo: la fede nel progresso sociale. E un pensatore assolutamente originale, che attraverso il suo lavoro testimonia la decadenza della società.

Nel poeta permane l'esperienza concreta della Resistenza e
delle lotte dei braccianti in Friuli.

Allora io vivevo in Friuli, che era un po' un paese ideale, quasi fuori
dallo spazio e dal tempo, una specie di sentimentale e poetica Proven-

---

14 *Ivi*, pp. 944-945.

za, per me, che scrivevo poesie rimbaudiane o verlaniane o lorchiane in friulano. Quei mesi di lotte contadine, a cui ho fisicamente partecipato [...] hanno trasformato il Friuli in un paese reale [...] è stata la diretta esperienza degli altri che ha trasformato radicalmente i miei problemi: e per questo io sento sempre alle origini del comunismo di un borghese una istanza etica, in qualche modo evangelica.[15]

È proprio in virtù, di affermazioni come queste che Pasolini non può essere inquadrato come marxista ma piuttosto come un moderno evangelico.

Ancora su "Vie nuove", il poeta risponde, nel luglio del 1961, alla richiesta di informazioni da parte di un lettore sulla morte del fratello. Qui, come sempre, descrive gli avvenimenti:

Mia madre mio fratello ed io eravamo sfollati [...] a Casarsa. Mio fratello [...] è subito entrato nella Resistenza. Io, poco più grande di lui, l'avevo convinto all'antifascismo più acceso. [...] Dopo pochi mesi, egli è partito per la montagna, dove si combatteva [...]. L'ho accompagnato al treno, con la sua valigetta, dov'era nascosta la rivoltella dentro un libro di poesia. Ci siamo abbracciati: era l'ultima volta che lo vedevo.[16]

Interessante è la chiosa finale della lettera:

Che la sua morte sia avvenuta così in una situazione complessa e apparentemente difficile da giudicare, non mi dà nessuna esitazione. Mi conferma soltanto nella convinzione che nulla è semplice, nulla avviene senza complicanze e sofferenze: e che quello che conta soprattutto è la lucidità critica che distrugge le parole e le convenzioni, e va a fondo delle cose, dentro la loro segreta e inalienabile verità.[17]

La morte del fratello, esperienza tragica per il poeta, avviene per mano di un partito di cui lui diventerà seguace ed è l'esempio palese della contraddittorietà del suo orientamento.

---

[15] *Ivi*, pp. 945-946.

[16] P.P. Pasolini, *Mio fratello*, "Vie nuove", n. 28, 15 luglio 1961, in *Saggi sulla politica e sulla società*, cit., p. 948.

[17] *Ivi*, p. 949.

In un'altra lettera, inviata alla rivista nell'aprile del 1972 e intitolata *Scoperta di Tommasino* Pasolini fa, per la prima volta, una notazione non antropologica ma sociologica, in cui sottolinea le ombre del miracolo economico, i lati oscuri della crescita, gli aspetti più drammatici della modernizzazione attraverso le condizioni fisiche della realtà dei suoi personaggi: la malattia, la sofferenza, il disagio umano. Nella risposta di Pasolini si cela una dichiarazione personale, che lo inquadra ancora una volta come antropologo.

La trama di *Una vita violenta* mi si è fulmineamente delineata una sera del '53 o '54 [...] alla fermata dell'autobus che svolta verso Pietralata, ho conosciuto Tommasino. [...] Come spesso usano fare i giovani romani, prese subito confidenza: e, in pochi minuti, mi raccontò tutta la sua storia: l'episodio che ho poi raccontato nel primo capitolo, e la sua malattia al Forlanini.

I romanzi di Pasolini sono spezzoni di diari etnografici.

Quando sono giunto al capitolo del Forlanini, ho dovuto documentarmi, perché in tutta la mia vita non avevo visto un ospedale se non per qualche rapida visita. Ho parlato con due ex ricoverati – che sarebbero poi diventati due personaggi del romanzo –, ho parlato con uno dei medici [...], e ho parlato, infine, con alcuni malati anonimi.[18]

Pasolini riesce a criticare la modernizzazione dall'interno della modernizzazione stessa attraverso la sua incessante analisi delle borgate romane, l'attenzione ai cambiamenti, il rispetto assoluto dei sottoproletari, con i quali ha condiviso momenti cruciali della sua esistenza, e soprattutto attraverso l'umiltà e la pratica delle virtù teologali, senza le quali non esiste vita etica.

Altro elemento reso evidente proprio nei "Dialoghi" su "Vie nuove" è l'intenso rapporto creato tra il Pasolini intellettuale e i lettori della rivista, che lo coinvolgono nel proprio disagio socia-

---

18 P.P. Pasolini, *Scoperta di Tommasino*, "Vie nuove", n. 15, 12 aprile 1962, in *Saggi sulla politica e sulla società*, cit., pp. 1004-1005.

le affidandogli al contempo una missione morale. Un rapporto di questo genere era possibile, all'epoca, perché la società non si era ancora totalmente differenziata e vi era la condivisione di alcune esperienze, mentre oggi, invece, gli attori dell'industria del consumo hanno smesso di rivolgersi agli intellettuali, anzi, non li riconoscono neppure.

Da questa lettera emerge anche un altro aspetto: Pasolini vede solo il lato negativo della modernizzazione. Analizzare i suoi scritti come una rappresentazione scientifica del cambiamento è dunque inutile: si tratterebbe di un'analisi meramente parziale.

> Io continuo a sperimentare un'Italia che [...] non è cambiata. La miseria, l'indigenza, lo stato di ingiustizia, l'ansia, la corruzione non sodo affatto diminuiti: anzi, sono aumentati. Parlare di benessere (di quel relativo benessere che consiste poi nel non morire di fame, nel possedere un minimo di dignità economica!) è un insulto. Non le so dire l'impeto d'ira che ho provato quando un critico francese, dopo aver visto il mio *Accattone*, alzando le spalle, col tipico sorriso del liberale laico e scettico, ha detto: "Non è vero niente: in Italia adesso c'è il benessere".[19]

Pasolini si contrappone al movimento liberale laico perché individua in esso un pensiero che porta avanti un'idea illuministica di progresso, incapace di vedere i lati oscuri della modernizzazione. Egli è invece legato alla morale cattolica e alla civiltà contadina perché insieme propongono il peccato originale, il senso di colpa e la non perfezione. Non a caso nel film *Il Vangelo secondo Matteo* Pasolini si focalizza sulla resurrezione di Cristo, conferendo alla Pasqua il ruolo di festa centrale del cristianesimo. Nel suo bellissimo saggio *Babbo Natale giustiziato,* Lévi-Strauss analizza le ragioni per cui il Natale si è affermato come celebrazione emblematica della cristianità invece della Pasqua: dopo aver cessato di condannare l'usura la Chiesa ha cominciato a esaltare il Natale nella società dei consumi e della grande indu-

---

[19] *Ivi*, p. 1006.

stria capitalistica. Pasolini, invece, si riferisce continuamente a un cattolicesimo precapitalistico, contadino che ha al suo centro proprio la Pasqua. La liberazione per lui è la catarsi, il riscatto morale, l'espiazione dei peccati.

In un'intervista rilasciata nel 1963 sull'"Unità" allo storico Paolo Spriano, autore di una *Storia del partito comunista italiano* pubblicata da Einaudi, Pasolini parla di politica, affrontando per la prima volta il tema nell'ottica contemporanea e trascendendo dall'abituale atteggiamento metapolitico. Proprio in quegli anni infatti, mentre incombe il neocapitalismo, si assiste anche a un cambiamento politico, con il passaggio dall'era del cosiddetto centrismo a un governo che vede per la prima volta protagonista una coalizione di cui fanno parte la Dc e i socialisti.

Spriano gli chiede quale tipo di simpatia esprimerebbe. Pasolini risponde:

Io sono stato uno di quelli che hanno accolto con un certo favore il centro-sinistra [...] è preferibile un governo di centro o di centro-destra oppure un governo di centro-sinistra? Il buon senso è lì, inappuntabile, a dire che il secondo corno è da preferirsi. Bene. Ma il meno peggio ha fatto capire, come sempre, quanto il meglio sia diverso. Per quel che mi riguarda personalmente – la mia vita, il mio lavoro – questi del centro-sinistra sono stati gli anni più brutti.

Quando il governo passa nelle mani dei socialisti, infatti, Pasolini si vede attaccato con maggior virulenza per i suoi libri e i suoi film.

La situazione di capro espiatorio non è certo la migliore per giudicare serenamente le cose. [...] la destra, imbestialita da una prospettiva più democratica di governo, si accanisce con più rabbia là dove può, con i suoi avversari classici: per esempio gli intellettuali.[20]

Poi si sofferma sul miracolo economico.

---

20 P.P. Pasolini, *Voto Pci per contribuire a salvare il futuro*, cit., pp. 1563-1564.

È vero, come dice Moravia, in una società c'è quello che si pensa ci sia. Ma il primo dovere di uno scrittore è quello di non temere l'impopolarità. Io rischio di rimanere un romanziere degli anni Cinquanta se insisto a dire che nella nostra società c'è quello che c'è: ossia c'è quello che c'era dieci anni fa. Il benessere è una faccenda privata della borghesia milanese e torinese. Io so che a livello popolare nulla è mutato [...]. Anzi, se il mio diritto di cittadino che protesta include anche la suscettibilità estetica, tutto è peggio che dieci anni fa, perché almeno, dieci anni fa, intorno alle borgate e ai villaggi di tuguri c'erano i prati: oggi c'è qualcosa di indicibile, il puro orrore edilizio, qualcosa che condanna chi vi abita alla contemplazione dell'inferno.[21]

Dal 1951 al 1971, più di dieci milioni di italiani sono coinvolti nelle cosiddette migrazioni forzate. Per quanto riguarda la popolazione meridionale l'esodo è impressionante: più di quattro milioni di persone, su una popolazione complessiva del Sud che non raggiunge i diciotto milioni, emigra al Nord. I trasferimenti più significativi si verificano tra il 1955 e il 1963. Città come Torino e Roma si ingrandiscono a dismisura, senza appoggiarsi ad alcun piano regolatore. Gli interventi di edilizia popolare, generalmente, proliferano incontrollati e l'Italia è invasa da un'ondata di scempi che si concretizza per lo più nei quartieri-dormitorio. Nel 1970 si calcola che, a Roma, una casa su sei sia abusiva e che ben 400.000 persone vivano nelle borgate.

Affrontare argomenti di questo tipo non giova certo alla popolarità di Pasolini, che proprio in queste interviste e nei suoi "Dialoghi" si accanisce contro il razzismo borghese, ossia contro l'invisibilità del sottoproletariato agli occhi della borghesia.

Pasolini si rende conto che cominciano a mutare i gruppi di riferimento, e che non esiste più la dignità della povertà, ma la vergogna a causa della povertà.

Nell'intervista rilasciata a Spriano, il poeta dà una definizione sintetica dello sviluppo neocapitalistico e della società dei consumi: efficienza, illuminismo culturale, gioia di vivere, astrattismo;

21 *Ivi*, p. 1565.

valori e fattori che richiamano il processo di modernizzazione e l'elemento di secolarizzazione che esso implica.

Abbiamo fatto riferimento al concetto di crescita e di modernizzazione, che può inquadrarsi come tutto ciò che causa l'aumento del reddito e del tenore di vita, e, come dice il termine stesso, modernizza le relazioni sociali fra gli uomini. Che cosa comporti esattamente questo processo è molto difficile da definire. Si possono utilizzare paradigmi che derivano dallo sviluppo storico di determinate società. Guardando all'Europa continentale, si può dire che i rapporti sociali si sono modernizzati perché si è passati da un sistema di relazioni fondato su un'economia non monetaria a uno tipico dell'economia monetaria. Il grande sociologo tedesco Georg Simmel ha visto nell'economia monetaria non solo un elemento di sfruttamento proprio del capitalismo, ma anche un elemento di individualizzazione e di personalizzazione. L'economia monetaria consente il superamento dello scambio in natura, che è stato uno dei fondamenti dell'economia di tipo schiavistico o dell'economia di tipo feudale. Nell'avvento dell'economia monetaria è dunque certamente presente anche un processo di individualizzazione, di crescita della libertà individuale.

Il denaro offre all'uomo una maggiore libertà d'azione e più potere discrezionale. Se si identifica come criterio di modernizzazione l'aumento del grado di autogestione, di disponibilità di sé, si può dire che molti paesi abbiano vissuto processi di modernizzazione. Ricordiamo però anche processi di altro tipo, come l'aumento del livello di istruzione. È universalmente accettato che l'incremento della scolarizzazione genera forme di incivilimento e di rafforzamento della libertà individuale. Un uomo che sa leggere e scrivere è in grado di compiere da solo scelte senza dover ricorrere ad altri che possano esercitare un controllo sulla sua vita e gode dunque di una libertà individuale più ampia.

Finora si sono definiti i processi di modernizzazione che coinvolgono la crescita e lo sviluppo. Tuttavia, nella pubblicistica corrente si trovano citati processi di crescita che non comportano lo sviluppo, se per sviluppo si intende soprattutto l'aumento della sfera di libertà individuale e collettiva. L'aumento del reddito, per esempio, può avvenire anche in un sistema dittatoriale, in cui non aumenta il grado di libertà dell'individuo. L'accessibilità a determinati consumi può verificarsi anche con bassi livelli di reddito (grazie, per esempio, a prezzi politici o amministrati). In questo modo si ha sì una modernizzazione, ma senza un aumento della libertà di scelta dell'individuo.

Nel pensiero storiografico corrente la modernizzazione è legata anche a un altro concetto, che Pasolini nomina per la prima volta nell'intervista di Spriano del 1963: quello di illuminismo culturale, cui ricorre per definire il processo di secolarizzazione. Nell'universo pasoliniano, la secolarizzazione può essere vista come la perdita della dimensione del sacro nel mondo simbolico dell'uomo e nelle relazioni simboliche tra le persone. Per sacro si intende un elemento dell'esperienza sottratto alla materialità della vita quotidiana, alla sua relazione immediata con la sfera della vita biologica, e soprattutto con quella della vita raziocinante.

Il sacro è, in un certo senso, una "sospensione della ragione" che affida l'uomo a una potenza spirituale più grande e da lui separata. A livello culturale, esistono diverse manifestazioni del sacro. Diversi studi antropologici, specialmente quelli dedicati alla cultura dell'Italia meridionale, si sono soffermati su uno degli aspetti più caratteristici del sacro: la magia. Un uomo sottoposto all'esperienza del sacro chiede alla potenza che lo sovrasta qualcosa che non può ottenere con la relazione immediata tra uomini: domanda una grazia. Il sacro è dunque la credenza in una divinità che sottrae all'immediatezza dell'esistenza, che sospende la quotidianità; esso rappresenta qualcosa di diverso dalla religione, che è la diffusione a livello di massa, attraverso ritualità collettive quotidiane, di quest'esperienza. Si può quindi essere religiosi senza per questo avere esperienza del sacro, benché generalmente vi sia una continuità tra credenza e pratica religiosa.

Gabriel Le Bras, primo grande sociologo delle religioni nonché ideatore del settore disciplinare stesso della sociologia delle religioni, fu il primo a studiare la diffusione, l'incremento e il decremento delle pratiche religiose, la partecipazione all'eucarestia e alla messa sia nelle società cattoliche sia in quelle protestanti. Nonostante esistano meno studi di sociologia religiosa dedicati alle popolazioni asiatiche, si può affermare che l'esperienza del sacro sia tipica della società contadina.

Come oggi è evidente – e qui Pasolini si sbagliava – il sacro persiste anche nella società neocapitalistica e industrializzata. Anzi, si potrebbe dire che ci sia stata una grande esplosione di sacro, di richiesta di sacro, proprio nelle punte più alte dello sviluppo capitalistico. Ne sono un esempio le sette religiose nordamericane, prima fra tutte Scientology: si tratta di esperienze del sacro, di sottrazione dell'esistenza e affidamento a un potere nascosto, invisibile all'uomo. In fondo, il sacro è un aspetto della teodicea, ossia una filosofia della salvezza personale, e al tempo stesso collettiva, che può condurre l'uomo a esperienze estreme, come i fenomeni di suicidio collettivo ai quali si è assistito: una sorta di raggiungimento della salvezza attraverso pratiche irreparabili dettate dalla convinzione che dopo la morte fisica ci sarà la salvezza eterna.

Pasolini, invece, è assolutamente convinto che l'esperienza del sacro scompaia con l'avvento di una società capitalistica dispiegata. Fondamentalmente, e qui sta la limitatezza del suo approccio, egli identifica il sacro con la società contadina e, conseguenzialmente, lo associa alla religione cattolica. In Italia, e soprattutto nel Meridione – ben descritto nel libro di Gabriele De Rosa *Vescovi, popolo e magia nel Sud*, ma anche nei saggi di De Martino –, il popolo ha agito da mediatore tra il sacro della società precristiana e il sacro della società cristiana, aderendo ad alcune forme rituali ereditate dal mondo pagano, come la benedizione delle messi e degli animali, o alcune feste di santi patroni. Questa ritualità, che risale a un'epoca precedente alla Controriforma, non riesce a essere estirpata dal Concilio di Trento. Alcune pratiche come quelle dei flagellanti, ancora vive in alcune località del Sud, sono il risultato di una mediazione tra un sacro amministrato da una gerarchia specializzata, che cercava sempre di trasformarlo in pratica religiosa, e la resistenza opposta dalla società contadina al fine di conservare il proprio passato storico precristiano.

La crisi della chiesa cattolica diventa quindi, per Pasolini, la crisi del sacro. L'illuminismo culturale che avanza con il neocapitalismo mette in discussione la storica cattolicità italiana, che egli identifica come una possibile forma di resistenza all'avvento del capitalismo.

Negli anni del "miracolo economico" ha inizio proprio la diffusione a livello di massa, attraverso le prime pubblicità televisive, di modelli di vita improntati al consumismo. Parallelamente si assiste a un rapido declino dell'adesione alle pratiche religiose che può essere correlato alle migrazioni forzate dalle campagne e al cambiamento di stile di vita così ben descritto da Pasolini.

> Un'orrenda "Nuova Preistoria" sarà la condizione del neocapitalismo alla fine dell'antropologia classica, ora agonizzante. L'industrializzazione sulla linea neocapitalistica disseccherà il germe della Storia.[22]

Qui la storia ha un significato sacro, è l'immersione in un mondo che non può essere compreso né dalla società dei consumi, né dall'industria culturale. Qui, infatti, l'intervista si interrompe, perché Pasolini considera questi discorsi da «dilettante, e si giustificherebbero solo... se in versi».[23]

All'inizio degli anni Sessanta Pasolini non ha ancora elaborato uno schema concettuale rispetto a questi temi, ma percepisce tali cambiamenti. Spriano infatti gli chiede:

---

[22] *Ivi*, p. 1566.
[23] *Ibidem*.

"Non ne hai forse parlato nelle tue poesie più recenti?"
"Sì, i miei versi di questi due anni parlano di questi problemi. L'addio dell'uomo alle campagne... cioè alla civiltà classica... alla religione. Si intitolano – dato l'ingorgo irrazionalistico – *Poesia in farina di rosa*, ma potrebbero logicamente intitolarsi *La Nuova Preistoria*."[24]

E qui introduce un elemento contraddittorio, tipico di tutta una generazione che si forma con Pasolini e da Pasolini prende ispirazione, inclusa una parte del Partito comunista, e che può sintetizzarsi nella famosa frase con cui Enrico Berlinguer cerca di spiegare la natura dei comunisti quali conservatori e rivoluzionari insieme:

La lotta operaia mi appare non solo come una lotta ideale per il futuro dell'uomo ma anche come una lotta necessaria e terribilmente urgente per salvare il suo passato.

La risposta all'avvento della modernizzazione e della secolarizzazione non è ricercata nel governo della secolarizzazione o della modernizzazione, ma risiede nel suo rifiuto etico e morale. Questo approccio, che cerchiamo di evincere dalla riflessione del poeta, indica quanto sia importante, anzi fondamentale, l'identificazione della struttura sociale tramite il mondo simbolico costruito dagli uomini. Anche l'opposizione alla struttura sociale è per Pasolini in primo luogo un'opposizione culturale e spirituale.

In questi principi è rintracciabile un elemento gramsciano. Nelle *Ceneri di Gramsci* (1957), Pasolini prende ispirazione da questo pensatore che non può definirsi un marxista in senso classico, ma piuttosto un attualista gentiliano prestato al movimento operaio. Si tratta di un marxista soggettivista vicino al primo Gyorgy Lukacs il quale – insieme a Charles Péguy, uno dei più discussi polemisti cattolici francesi, in bilico tra l'anticapitalismo e il mondo della tradizione – sosteneva che al capitalismo

---

[24] *Ibidem.*

nascente si dovesse contrapporre una riforma morale e intellettuale. In questo tipo di anticapitalismo, dunque, conta proprio l'atteggiamento soggettivo e morale.

1.3 La nascita della società del consumo in Italia

Il giudizio espresso sul neocapitalismo è ancora più articolato in un'intervista che Pasolini rilascia ad Alberto Arbasino nel 1963, e che verrà pubblicata nel 1971 in *Sessanta posizioni* (raccolta di altrettante interviste a personaggi chiave della cultura e della politica italiana).

Alla vigilia della partenza per un viaggio in Africa, Pasolini rilascia una dichiarazione molto interessante quando Arbasino gli chiede quali siano i giudizi generali sulla diffusione recente della ricchezza in Italia, sulla rivoluzione silenziosa che all'inizio degli anni Sessanta sta cambiando il volto del paese, e il giudizio sul rapido aumento del reddito delle famiglie italiane. Mai il reddito delle famiglie è stato così elevato come in questi anni. Tra il 1952 e il 1970 il reddito medio degli italiani cresce più del 130%. In Francia e in Inghilterra, nello stesso periodo, l'aumento è rispettivamente del 36% e del 32%. Nel 1958, i possessori di un televisore sono il 12%, nel 1965 il numero si quadruplica. Nel 1958, solo 13 persone su 100 possiedono un frigorifero e 3 su 100 una lavatrice: nel 1965 le percentuali sono del 55 e del 23%.

> Sull'accesso di larghi strati popolari a un benessere mai conosciuto, [...] dove fino a poco fa si cenava magari con un piatto di patate in cinque? Secondo me naturalmente è un fatto positivo – dice Arbasino –, l'essenziale mi pare la liberazione dal bisogno, dalla paura, dal ricatto per fame, a ogni costo. Sappiamo invece quanti nostri amici si preoccupano per le conseguenze [...] ecco spuntare i bisogni più folli e spregevoli aizzati dalla civiltà dei consumi, dalla cultura di massa [...] Ma anche qui non mi sento di biasimare fumetti e *transistors*, perché calcolo il "tempo lungo". L'America della febbre dell'oro era avida e volgare e materialistica come l'Italia del *boom*, né più né meno; ma sono bastati pochi decenni perché diventasse più seria e pensosa, e comprasse i classici per mezzo dollaro nei *supermarkets*. Scusa la sem-

plificazione orrenda [...] ma "se tanto mi dà tanto", i tuoi amati Bach e Vivaldi saranno apprezzati dai figli dei fanatici del festival Sanremo di oggi.[25]

In quegli stessi anni Arbasino riunisce alcuni intellettuali nel Gruppo 63, del quale fanno parte anche Edoardo Sanguineti e Angelo Guglielmi, movimento poetico di avanguardia sorto in risposta alla letteratura dell'epoca. Arbasino è animato da una volontà di rottura pregna di illuminismo culturale, e di fatto esprime molto bene l'idea che, in quest'epoca, si ha della modernizzazione: la convinzione che essa sarebbe andata di pari passo con l'avanzamento della crescita.

Nella sua risposta Pasolini esprime tutta la sua corrosività: «Non ho esperienza diretta del benessere».[26]

All'epoca, il poeta vive, con i pochi denari delle collaborazioni letterarie, al Tiburtino, uno dei quartieri più poveri di Roma:

Non abito mica a Milano, io. E, d'altra parte, ricevo almeno quattro o cinque lettere al giorno con richiesta di aiuti finanziari [...] È certamente un caso eccezionale, il mio. Ma io vivo immerso nel mondo della necessità più angosciosa.[27]

Di nuovo Pasolini mette l'accento sul volto oscuro del boom:

Maledetti! Parlano di benessere: e per di più pretendono che se ne parli come di un fatto scientificamente provato, reale, palpitante, ferocemente attuale. Sai cosa mi sembra l'Italia? Un tugurio i cui proprietari sono riusciti a comprarsi la televisione, e i vicini, vedendo l'antenna, dicono, come pronunciando il capoverso di una legge: "Sono ricchi! Stanno bene!".[28]

---

25 P.P. Pasolini, *Intervista rilasciata ad Alberto Arbasino*, in *Saggi sulla politica e sulla società*, cit., pp. 1569-1570.

26 *Ivi*, p. 1570.

27 *Ibidem*.

28 *Ibidem*.

C'è qui un'intuizione che pochi avevano avuto allora, anche tra gli economisti. Pasolini capisce che l'industrializzazione italiana è un processo che si compie attraverso l'espansione del consumo di beni privati piuttosto che di beni pubblici. È un'industrializzazione che non passa attraverso la creazione di infrastrutture, come scuole, ospedali, ferrovie, ma attraverso un composito insieme di beni, anche qualificati, e un dualismo del mercato interno dove si consumano beni privati, beni di consumo immediati. Questa distorsione del miracolo economico non è stata ancora riconosciuta; saranno gli allievi di Claudio Napoleoni e Augusto Graziani che arriveranno, intorno alla fine degli anni Settanta, a intuire questo processo.

«Come chi, mettendosi addosso una giacca di nuovo taglio, rende crudelmente antiquati coloro che ne hanno una dell'anno precedente»[29] ecco l'avvento della Nuova Preistoria, che crea l'ingiusta illusione che la modernizzazione sia data dal consumo continuo. Solo Pasolini ed Ennio Flaiano colgono questo fenomeno, anche se l'esperienza di Flaiano è sicuramente più limitata, più povera.

Roma sta diventando una città orribile [...]: sulle vecchie borgate sopravvissute come un'indelebile città di sogno, arcaica, nella città, sorgono nuovi strati periferici, ancora più orrendi, se è possibile [...]. Tu sai benissimo come il vostro "benessere" [...] implica il "malessere": ossia il neocapitalismo rende più profonda la divisione tra Nord e Sud man mano che il Nord arricchisce, il Sud – in senso relativo e assoluto – impoverisce.[30]

Emerge qui una visione parzialmente distorta: il Meridione non impoverisce in senso assoluto, ma solo in senso relativo. Oggi fra Nord e Sud non ci sono più processi di convergenza come quelli che si sono verificati negli anni Sessanta. Il livello di reddito al Sud è enormemente aumentato, soprattutto a livello dei

---

29 *Ivi*, p. 1571.
30 *Ibidem*.

consumi privati, non certo dal punto di vista dei consumi di beni pubblici di cui si parlava prima. Questa posizione si precisa ulteriormente quando Arbasino gli chiede che cosa vede nel futuro. Risponde:

Due Preistorie: la Preistoria arcaica del Sud e la Preistoria nuova del Nord. [...]. La coesistenza delle due Preistorie [...] mi rende un uomo solo davanti a una scelta ugualmente disperata: perdermi nella preistoria meridionale, africana [...], o gettarmi a capofitto nella preistoria del neocapitalismo, nella meccanicità della vita delle popolazioni ad alto livello industriale, nei reami della Televisione. I nostri figli si perdono in questo futuro, cento, duecento, duemila, diecimila, trentamila anni. Il miliardo di contadini biblici che ancora oggi vivono in una condizione preistorica, piano piano creperanno, o diventeranno un'altra razza umana. Gli altri, gli industrializzati, dalla nostra prospettiva, ci riescono umanamente inconoscibili. Si produrrà e si consumerà, ecco. E il mondo sarà esattamente come oggi la Televisione – questa degenerazione dei sensi umani – ce lo descrive, con stupenda, atroce, ispirazione profetica.[31]

Perché Pasolini usa il termine "le due Preistorie"? Una possibile spiegazione è in una frase che pone tra parentesi: «[...] la coesistenza delle due Preistorie (e la lenta fine della Storia, che si identifica ormai, soltanto, nella razionalità marxista)».[32] Pasolini prende in prestito un concetto di Engels espresso nell'*Antidühring* (1878), in cui si afferma che il socialismo è il passaggio dell'umanità dalla preistoria alla storia. Secondo la visione del marxismo classico, il socialismo è la fine della reificazione del mondo fondato sul rapporto merce contro denaro, denaro contro merce, ed è finalmente l'avvento di un mondo regolato dalla relazione tra gli uomini, senza uso della moneta, senza uso del denaro ma con un altissimo sviluppo delle forze produttive. Verrà dunque un tempo in cui lo sviluppo delle forze produttive sarà talmente elevato da cancellare la proprietà

---

31 *Ivi*, p. 1572.
32 *Ibidem*.

privata dei mezzi di produzione, rendendo così l'uomo libero di essere un giorno pescatore, un giorno cacciatore, un giorno inventore. La liberazione dell'uomo sarà anche la liberazione dalla schiavitù tecnologica e dalla schiavitù del lavoro salariato. Solo le cose saranno amministrate, non si amministrerà e non si governerà più l'uomo: ecco l'utopia marxista dell'eliminazione dello Stato.

Oggi, abbiamo raggiunto una delle condizioni preconizzate da Marx. Attualmente la tecnologia consentirebbe di far vivere l'intera umanità facendo lavorare i miliardi di uomini presenti sulla terra solo poche ore la settimana. Lo sviluppo delle forze produttive è ormai tale che il lavoro, se bene amministrato, potrebbe rappresentare una parte infima della vita dell'uomo e l'uomo potrebbe dedicarsi a quello che i marxisti chiamavano l'avvento della storia, ossia l'avvento di un uomo padrone del proprio destino.

Pasolini è immerso in queste concezioni che potremmo definire escatologiche, utopiche, derivanti dalla filosofia marxista. C'è qui un richiamo alla tradizione messianica ebraica: tutto quello che precede l'avvento del Messia è la preistoria. La preistoria arcaica del Sud è la condizione dell'uomo non liberato che vive in un'atmosfera sacra, all'interno di quel paradigma regolatore che era il rapporto armonico con la natura. Questa preistoria è vista da Pasolini favorevolmente, come una condizione non disagevole per l'uomo, e che non comporta per lui forme di malessere. Certo si può vivere nel bisogno, ma si tratta di una dimensione arcaica, pacificante, armonica. A essa si contrappone una preistoria nuova, come la chiama Pasolini, dove si verificano sostanziali cambiamenti ma non si entra nella storia: l'uomo, cioè, non viene liberato. Si produrrà, si consumerà, ma il mondo sarà esattamente come la televisione ce lo descrive oggi «con stupenda, atroce, ispirazione profetica».

Il mondo che appare a Pasolini attraverso la televisione, a cui dedicherà diversi saggi, è un mondo costruito sull'artificialità, che comporta il genocidio delle parlate dialettali. La prima unificazione linguistica (e qui Pasolini ha un'intuizione geniale) non è avvenuta con la scuola, ma per mezzo della televisione. È un'unificazione che non deriva dal passaggio dalla preistoria alla storia, attraverso un incivilimento personale, ma per mezzo di un condizionamento estraneo all'uomo, una manipolazione culturale. Per molti aspetti, ovviamente, l'unificazione della lingua è da considerarsi un fatto positivo. Si pensi a quanto migliorerebbe l'efficienza di mercato, oggi, se si parlasse solo l'inglese. Qualcuno sarebbe contrario e lamenterebbe la perdita di identità; eppure, il 15 % del bilancio del Parlamento europeo è impiegato nelle traduzioni, perché solo pochi parlamentari hanno accettato di parlare in un'altra lingua. E le varie lingue dei parlamentari non sono più le lingue della preistoria, non sono più frutto di un processo naturale, bensì il prodotto di un condizionamento artificiale. L'attuale riscoperta del localismo è molto diversa dalla conservazione del localismo di cui parlava Pasolini. Oggi le tradizioni si inventano, come ha scritto Hobsbawm appunto in *L'invenzione della tradizione*, dove si parla, tra l'altro, della creazione dello stesso nazionalismo come di un'invenzione. I nazionalismi invece nascono da quei processi lunghi e radicati analizzati da Pasolini, rappresentano un elemento arcaico che si tramanda attraverso le lingue dei parlanti, a cui gli intellettuali danno voce. Oggi assistiamo al processo opposto: le identità locali sono frutto di una ribellione all'omogeneizzazione e quindi sono utilizzate dalle nuove classi politiche come strumento oligarchico per la lotta al potere. Esse non hanno nulla a che vedere con la cultura popolare.

Pasolini non si occupa mai dei caotici agglomerati urbani del Nord, delle borgate torinesi, per esempio, perché considera gli immigrati che lì vivono già perduti, già inglobati nei meccanismi del neocapitalismo, in quanto hanno accettato di abbandonare le proprie comunità originarie per entrare a pieno titolo nell'era industriale.

Nell'intervista concessa ad Arbasino è interessante l'aggancio fra la cultura del sottoproletariato italiano, che è poi quello meridionale, e le culture dei contadini del cosiddetto Terzo mondo. Il giornalista gli chiede infatti in una forma un po' impacciata: «Ma tu quando dici "Bandung", anche nelle poesie, che senso dai al nome?».[33] "Bandung" costituisce un esplicito riferimento al famoso trattato del 1955, grazie al quale una serie di paesi non allineati stabiliscono un'alleanza internazionale delle nazioni povere, a capo della quale viene posta l'India, e in cui figurano l'Indonesia e più avanti, nel 1956, l'Egitto di Nasser. Pasolini dà una risposta chiave, nella quale è evidente tutto il suo non eurocentrismo:

> Adopero questa parola in tutta l'estensione del suo significato, ivi compresa anche la rinascita, la lotta per la rinascita, la strada da percorrere per raggiungerci quaggiù nella nostra magnifica storicità. Adopero questa parola implicandovi anche la guerra dei sottoproletariati algerini [...]. Ma adopero soprattutto questa parola come *senhal*[34] geografico per comprendervi la fisicità dei "regni della Fame", il "fetore di pecora del mondo che mangia i suoi prodotti".[35]

Diversi sono i viaggi fatti da Pasolini, insieme a Moravia, nello Yemen, in India e in Africa. La scoperta del Terzo mondo rimarrà un suo stilema costante e rappresenterà per lui, a livello internazionale, ciò che il popolo di Napoli e le borgate romane sono a livello nazionale: un mondo ancora incontaminato. Pasolini giudicherà la modernizzazione capitalistica rispetto a ciò che d'incontaminato rimane all'interno della modernizzazione stessa.

In questa stessa intervista Pasolini dichiara che l'unica lettura degna in quei mesi è stato *Il Vangelo secondo Matteo*. E qui nasce la sua ispirazione evangelica.

---

33 *Ivi*, p. 1572.

34 Nell'antica poesia provenzale, *senhal* indica il nome fittizio con il quale si allude alla donna amata. [N.d.C.]

35 P.P. Pasolini, *Intervista rilasciata ad Alberto Arbasino*, cit., pp. 1572-1573.

"Allora il film che farai proprio sul Vangelo secondo san Matteo come dobbiamo prenderlo, come un atto di grande conformismo o di grande anticonformismo?"
"Ti vorrei rispondere con una poesia."[36]

E poi fa una riflessione profonda ed escatologica, che comincia da un pensiero sul dolore civile. C'è una disperata critica, disperata quanto il rifiuto da parte di Pasolini della modernizzazione. Il giudizio che dà della società è innanzitutto un giudizio simbolico, ma nello stesso tempo è un giudizio che coglie alcuni processi di mutamento sostanziali: il lato oscuro del miracolo economico.

L'Italia è un corpo stupendo, ma dovunque lo tocchi o lo guardi, vedi, attorcigliate, le spire viscide e nere di un serpente, l'altra Italia. Come si può fare l'amore con un corpo tutto avvolto da un serpente? Così comincia la castità.[37]

---

[36] *Ivi*, p. 1573.
[37] *Ivi*, p. 1575.

2
Lo sguardo antropologico

2.1 La napoletanità

Nel 1976 Antonio Ghirelli – importante giornalista che assume anche cariche pubbliche e che sarà capo ufficio stampa del presidente Pertini – pubblica, per la Società Editrice Partenopea, un libro intitolato *La napoletanità*.

Pasolini vi contribuisce con una dichiarazione, rilasciata nel corso di alcune interviste raccolte dal curatore per realizzare quest'opera su Napoli, da cui si evince, in tutta la sua pienezza e profondità, il suo sguardo antropologico.

> Napoli è stata una grande capitale, centro di una particolare civiltà [...]; ma strano, ciò che conta non è questo. Io non so se gli "esclusi dal potere" napoletani preesistessero, così come sono, al potere, o ne siano un effetto. Cioè non so se tutti i poteri che si sono susseguiti a Napoli, così stranamente simili tra loro, siano stati condizionati dalla plebe napoletana o l'abbiano prodotta. Certamente c'è una risposta a questo problema; basta leggere la storia napoletana, non da dilettanti.[38]

Molto spesso, nella pubblicistica corrente, civiltà e cultura sono presentate come sinonimi. In realtà, nella storia delle idee esse rappresentano due concetti profondamente diversi, soprattutto nella tradizione tedesca, in cui l'immagine della civiltà denota un processo di graduale e continua accumulazione di valori,

---

38 P.P. Pasolini, *La napoletanità*, in *Saggi sulla politica e sulla società*, cit., p. 230.

pratiche e comportamenti che riguardano non soltanto l'azione sociale e relazionale degli uomini, ma anche il complesso di istituzioni che queste pratiche sociali hanno creato nel tempo. Al culmine della propria carriera intellettuale, il grande storico di Roma Edward Gibbon parla di "civiltà romana" e non utilizza il termine "cultura". Nella *Fenomenologia dello spirito* Hegel parla dell'inveramento, attraverso la dialettica tra finito e infinito, di un susseguirsi di civiltà, ossia di aggregazioni di popoli che prendono coscienza di sé e creano un'istituzione, lo Stato etico, che è Stato in quanto rappresenta lo Spirito Assoluto nella finitezza dell'essere. Lo Stato etico è quindi un prodotto della civilizzazione dei popoli. La civiltà rappresenta un processo graduale e continuo mosso da un ideale teleologico, che va considerato per come si è presentato nella storia dello Spirito, secondo la possibilità che ci sia un'evoluzione nelle forme di vita associata.

Norbert Elias, autore di testi fondamentali sulla creazione di civiltà, parla delle diverse forme di incivilimento dell'uomo derivanti dall'abbigliamento, dall'alimentazione, dalla prevenzione delle malattie. Si può affermare che una società sia più civile se prevede la vaccinazione contro il vaiolo? Assumere il principio di civiltà significa in qualche modo far propri paradigmi tramite i quali giudicare l'evoluzione di quel costrutto sociale che è la vita degli uomini. Per esempio, oggi è comunemente accettato che tra i criteri di misurazione della civiltà degli stati – i quali altro non sono che popolazioni associate attraverso il meccanismo del potere – figurino la diminuzione della mortalità infantile e l'aumento della durata della vita media. Analogamente, è dato per assodato che il rispetto della persona sia indice di civiltà. Questa convinzione non viene motivata: semplicemente, si è contrari all'infibulazione perché non è considerata una pratica "civile". Certo, esistono altri gruppi umani che possiedono un concetto di civiltà differente; il concetto di civiltà, però, è sempre autoreferenziale e mai relativistico. Se si parte dal presupposto che uno dei criteri fondamentali che definiscono la civiltà sia il rispetto dei diritti umani, secondo la teoria dei diritti naturali, di fronte a questo non si può assumere un atteggiamento relativistico: non si può che avere un atteggiamento assolutistico, totalitario.

Naturalmente, è noto che il concetto di civiltà di derivazione tedesca, successivamente fatto proprio dalla sociologia positivistica, ha fornito il pretesto a svariati fenomeni di oppressione. Una delle più potenti armi di giustificazione del colonialismo, per fare un esempio, è stata proprio l'esportazione della civiltà, della civilizzazione.

Nelle sue considerazioni su Napoli, Pasolini si pone al di fuori della tradizione di pensiero che ruota attorno al concetto di civilizzazione. A lui interessa piuttosto muoversi nel solco di un'altra tradizione, quella che assume il paradigma di cultura: una cultura intesa non alla maniera dei più rigidi fautori del paradigma della civiltà, ma nell'accezione tedesca di *Kultur* che, da Goethe a Thomas Mann, si fonda sulla *Bildung*, ossia sull'educazione della persona e sull'affermazione dell'individuo. Cultura indica dunque il patrimonio di conoscenze tecnico-relazionali di cui l'uomo dispone, la costruzione della persona.

Cultura e civilizzazione sono entrambe idee evoluzionistiche che hanno una base sostantiva, ossia hanno profonde implicazioni nella vita associata. Basti pensare alla storia della medicina, che si basa su teorie evolutive. Secondo il concetto "alto" di cultura, di tradizione tedesca, oggi il nostro grado di conoscenza dell'essere umano è superiore a quello di due secoli fa, dato che è possibile curare malattie che prima erano considerate incurabili. Si tratta sempre, quindi, di un concetto progressivo, che denota un patrimonio in continua evoluzione.

Il concetto di cultura cui fa riferimento Pasolini deriva, piuttosto, dal punto di vista etimologico, dall'universo latino: cultura come *mores*, dove sono in gioco i costumi. In questo scritto sulla napoletanità, egli sposta fin da subito il baricentro dalla civiltà napoletana di Pietro Giannone, di Benedetto Croce, per focalizzarsi piuttosto sulla plebe. È già presente, qui, un elemento che si colloca fuori dal potere, dal classico concetto istituzionale di cultura, di civilizzazione, qualcosa di estraneo alla visione hegeliana del potere come aggregazione dei popoli per raggiungere la statualità (lo Stato è il monopolio della forza che induce la popolazione, anche contro la sua volontà, a compiere determinati atti). Pasolini rovescia questi concetti parlando della plebe napoletana e chiedendosi se la civiltà napoletana sia un prodotto di quest'ultima, segnando così una linea di demarcazione tra l'istituzione e un universo sociale che di questa istituzione non fa parte.

Io so questo: che i napoletani oggi sono una grande tribù, che anziché vivere nel deserto o nella savana come i Tuareg o i Beja, vive nel ventre di una grande città di mare. Questa tribù ha deciso – in quanto tale, senza rispondere delle proprie possibili mutazioni coatte – di estinguersi, rifiutando il nuovo potere, ossia quello che chiamiamo la storia, o altrimenti la modernità. La stessa cosa fanno nel deserto i Tuareg o nella savana i Beja (o lo fanno anche da secoli, gli zingari): è un rifiuto sorto dal cuore della collettività [...]; una negazione fatale contro cui non c'è niente da fare. Essa dà una profonda malinconia come tutte le tragedie che si compiono lentamente; ma anche una profonda consolazione, perché questo rifiuto, questa negazione alla storia, è giusto, è sacrosanto.[39]

Da queste riflessioni emerge più il Pasolini poeta che non il Pasolini osservatore della modernizzazione sociale.

Emerge qui il rifiuto fondamentale del concetto di civilizzazione perché si tratta di un concetto storico, della storia intesa come scienza, che si realizzerebbe attraverso il processo di tesi, antitesi e sintesi e determinerebbe, in conclusione, un grado superiore di civilizzazione. La grande città di mare è la civiltà, e in questa civiltà Pasolini individua un essere sociale astorico, cioè un insieme di individui che si sottraggono a questo grande processo di civilizzazione.

Il poeta descrive dunque i *mores*:

---

[39] *Ivi*, pp. 230-231.

La vecchia tribù dei napoletani, nei suoi vichi, e nelle sue piazzette nere o rosa, continua come se nulla fosse successo, a fare i suoi gesti, a lanciare le sue esclamazioni, a dare nelle sue escandescenze, a compiere le proprie guappesche prepotenze, a servire, a comandare, a lamentarsi, a ridere, a gridare, a sfottere.[40]

Chi se non Eduardo De Filippo, e tutto il teatro napoletano che viene prima di Eduardo, ha meglio rappresentato questa tribù? Siamo di fronte alla maschera napoletana, a una forma di rispecchiamento dell'essere sottratto al meccanismo del potere, una forma astorica che consente l'eternità del gesto, il quale può prodursi nel Seicento, nel Settecento così come nel Novecento. Questi *mores*, naturalmente, si sottraggono alla storia della civilizzazione, creandone una propria. Pasolini mostra che la Storia come tempo unico non esiste: il concetto di tempo storico assoluto, totalizzante, è una convenzione. Esistono tempi storici diversi a seconda degli attori sociali che vivono nel tempo storico e che lo costituiscono.

Pasolini dedica parecchi anni alla riflessione sulla civiltà del sottoproletariato, focalizzandosi su due universi semantici e, insieme, fisici: le borgate romane da un lato e, dall'altro, il popolo napoletano, su cui non si dilunga molto e tuttavia tocca punte di eccezionale chiarezza analitica. All'interno di questi universi egli individua le subculture popolari che, da un punto di vista storico, sono state le più resistenti alla modernizzazione e all'intrusione dell'economia monetaria ma anche quelle più profondamente investite dalla modernizzazione senza sviluppo.

Un rilevante contributo teorico a questo tema della trasformazione delle culture in questione, si trova in un'introduzione di Pasolini a un volume curato all'inizio degli anni Settanta da Enzo Siciliano, suo caro amico: la raccolta delle lettere di Salvatore Di Giacomo alla fidanzata Elisa. Di Giacomo, poeta dialettale napoletano, scrive alla fidanzata nel periodo cruciale della

---

40 *Ivi*, p. 231.

propria formazione, tra il 1906 e il 1911, lettere che diventano oggetto di un singolare ritrovamento da parte di Enzo Siciliano. La prefazione di Siciliano alle *Lettere a Elisa* risulta importante per la critica della cosiddetta letteratura dialettale alta, ossia del dialetto inteso non come lingua parlata ma come lingua inventata dalle classi colte. L'intervento di Pasolini, che sarà poi ripreso negli *Scritti corsari* con il titolo "Gli uomini colti e la cultura popolare", si apre con un ricordo di Ernesto De Martino, fondatore dell'antropologia italiana, che tra gli anni Cinquanta e Sessanta si adopera in famose spedizioni etnografiche e antropologiche, veri capolavori di ricerca demografica e folclorica: un'analisi a tutto tondo delle classi popolari contadine.

> È veramente un peccato che De Martino anziché occuparsi della cultura popolare della Lucania non si sia occupato della cultura popolare di Napoli. Del resto nessun etnologo o antropologo si è mai occupato, con la stessa precisione e assolutezza scientifica usata per le culture popolari contadine, delle culture popolari urbane. È inconcepibile uno studio come quello dedicato da Lévi-Strauss ad alcuni piccoli popoli selvaggi – isolati e puri – per il popolo di Napoli.[41]

Pasolini accusa il metodo dell'antropologia strutturale di Lévi-Strauss, che ricerca le regolarità del mondo simbolico. Egli indaga la sfera mitica dei selvaggi amazzonici per costruire strutture, ossia aggregati di significato e di senso che danno ragione dell'esistenza dell'uomo e ne giustificano i comportamenti, gli orientamenti all'azione e le credenze attraverso un complesso sistema di simboli.

La struttura del mondo simbolico e la sua trasmissione sono state ben analizzate da Vladimir Propp, noto etnografo russo, che individua nelle fiabe un mezzo per svelare i riferimenti morali del mondo che le crea. La stessa mitologia greca è una forma di struttura simbolica; essa però, essendo accumulata attraverso

---

[41] P.P. Pasolini, "Gli uomini colti e la cultura popolare", *Scritti corsari*, in *Saggi sulla politica e sulla società*, cit., p. 469.

la trascrizione di una tradizione orale quasi millenaria, comporta elementi assai diversi.

Perché, secondo Pasolini, è inconcepibile questo studio strutturale su Napoli? Perché la cultura popolare napoletana è impura, «l'impurezza delle "strutture" della cultura popolare napoletana è fatta per scoraggiare uno strutturalista, che, evidentemente, non ama la storia con la sua confusione».[42] L'antropologo culturale, che studia i popoli primitivi non ancora avvolti dalle spire dell'economia monetaria, ne analizza gli elementi di continuità generazionale: pertanto, questi popoli gli appaiono immobili. È un artificio concettuale o un limite dell'antropologia strutturale, ma tale è l'orientamento della disciplina.

Una volta che egli abbia identificato le "strutture" di una società nella loro perfezione, egli ha esaurito la sua sete di riordinamento del conoscibile.[43]

È come se il mondo simbolico fosse qualcosa di statico, fisso nell'astoricità assoluta, ben diversa dall'astoricità delle culture subalterne che Pasolini ha in mente.

A nessuna perfezione possono essere ricondotte le "strutture", appunto, della cultura popolare napoletana. Un piccolo popolo chiuso da millenni o secoli nei suoi codici, vive ancora, nell'accezione degli etnologi, *in illo tempore*: non ha stratificazioni: la convenzionalizzazione, rigidissima peraltro, dei rapporti sociali ha un solo strato: non sono concepibili, né previste, possibilità di infrazioni.[44]

Pasolini parla di uno strato significante in cui non esistono norme sociali tanto rigide da valere per tutti gli appartenenti alla comunità.

Nelle manifestazioni espressive – canti, danze, riti ecc. – le invenzioni non implicano un'evoluzione dell'*inventum*. In una cultura popolare

---

42 *Ibidem.*
43 *Ibidem.*
44 *Ibidem.*

urbana, invece, la storia della cultura dominante è intervenuta continuamente con violenza, imponendovi e depositandovi i suoi valori:
la tipica "astoricità" della cultura popolare, che è essenzialmente "fis-
satrice", è stata così costretta a dei mutamenti incessanti: a cui essa,
sistematicamente, ha dovuto applicare i criteri della "fissazione".
Le novità storiche vengono accepite nell'universo della cultura popolare urbana (e, dal XIX secolo in poi, anche in quella contadina) solo
a patto di essere immediatamente tradotte nei propri termini tradizionali non dialettici. Solo in questi ultimi anni, sia le culture popolari urbane, estremamente complesse, che quelle contadine – ancora
abbastanza pure, come appunto nei piccoli popoli selvaggi studiati
dagli etnologi – sono state radicalmente sovvertite dal nuovo tipo di
cultura del potere.[45]

L'astoricità non è qui intesa come negazione della storia in
quanto flusso dei viventi, ma nel senso della fissazione dei riferimenti simbolici da una generazione all'altra, che si attualizza
in un universo chiuso, caratterizzato da una trasmissione orale e
segnica, prossemica – ossia legata ai comportamenti del corpo –,
della cultura. Non vige la cultura scritta, né la civiltà dell'immagine, se non quella endogena.

Il sottoproletariato delle borgate romane e napoletane, che
sembra autonomo nella sua astoricità, è tuttavia inserito in un
circuito monetario e, soprattutto, è a contatto con altre classi
sociali. Il moto delle culture delle classi dominanti è incessante,
perché esse rappresentano la storia, mentre le culture subalterne rappresentano l'assenza della storia, ossia la permanenza di
antichi comportamenti, di espressioni eminentemente simboliche, che non sono dominate da un orientamento utilitaristico
all'azione.

Riguardo a questo sovvertimento su cui si opera una fissazione, nel senso di ritorno all'astoricità, Pasolini individua due
fenomeni (oltre alla televisione e all'avvento della lingua scritta), relativamente recenti all'epoca in cui scrive: l'emigrazione

---

[45] *Ivi*, pp. 469-470.

nelle città industriali e, soprattutto, il consumismo. Pasolini supera l'accezione meramente economica di quest'ultimo concetto, non limitandosi a parlare della crescita del consumo determinata dall'aumento del reddito, ma prendendo in considerazione anche la creazione di un nuovo modello umano. Egli guarda a questa trasformazione come all'avvento di un'omogeneità disumanizzante che si oppone all'eterogeneità preesistente. Davanti agli occhi gli si presenta un nuovo modello umano, dove i gradi di libertà sono ristretti e dove è più difficile il processo di fissazione autoreferenziale. Al contrario la fissazione dei valori si trasforma in proprietà etero referenziale, esterna, che Pasolini inquadra artisticamente e paradossalmente nel "potere". Nelle culture popolari i modelli di consumo erano determinati da relazioni *face to face*, relazioni da cui il potere può prescindere.

> L'emigrazione nelle città industriali e soprattutto il consumismo con la sua imposizione di nuovi modelli umani hanno istituito con le antiche culture popolari un rapporto *completamente* nuovo, e quindi, all'interno dell'universo capitalistico, rivoluzionario.[46]

È evidente qui un riferimento al *Manifesto del partito comunista* di Marx ed Engels (1848), dove si parla del capitalismo come del sistema economico più rivoluzionario mai apparso nella storia, perché per la sua fissità di riproduzione allargata muta continuamente i rapporti di produzione.

Pasolini offre una bella spiegazione di questa relazione tra cultura alta (dominante) e cultura bassa (subalterna) prima dell'avvento del consumismo. Prima delle grandi migrazioni e del conseguente aumento di reddito, l'astoricità della cultura popolare, che riproduceva continuamente se stessa anche nel mutamento, manteneva intatto il proprio mondo simbolico. In questo senso Pasolini parla di astoricità, non nel senso che

---

46 *Ivi*, p. 470.

fosse fuori della storia, ma perché il mondo simbolico si riproduceva senza riferimenti a simboli imposti dall'alto, come la moda.

Il rapporto tra astoricità, nel senso di riproduzione dell'universo simbolico, e storicità, cultura, delle classi dominanti, è stato affrontato da Pasolini nelle opere consacrate alla storia della poesia popolare e dialettale italiana. Egli individua una distinzione fondamentale tra la poesia dialettale del parlante e la poesia dialettale di chi, invece, inventa il dialetto. Il cambiamento linguistico non avviene con l'apprendimento dell'italiano, che all'inizio del secolo era parlato da una strettissima minoranza della popolazione (ancora oggi, a ben vedere, la maggioranza degli italiani parla un dialetto italianizzato), ma piuttosto con l'invenzione del dialetto da parte di chi non ne è un parlante. Pasolini vede in questo processo un'appropriazione della cultura popolare da parte delle classi alte, un'espressione del potere che si manifesta anche nel dominio linguistico.

L'esempio per lui più lampante è proprio Salvatore Di Giacomo, della cui poetica Enzo Siciliano scopre l'emblematicità quando ne pubblica l'epistolario con la fidanzata. Il modo in cui Pasolini descrive questa scoperta filologica è sintomatico del suo modo di concepire il rapporto che esiste per il poeta tra cultura popolare e cultura d'élite.

> In una bancarella di Porta Portese, un venditore ambulante napoletano ha venduto delle "carte vecchie" ad un compratore colto [Enzo Siciliano, N.d.A.]. I venditori ambulanti che risalgono da Napoli a Porta Portese appartengono ancora, nei limiti del possibile, alla vecchia cultura popolare: nella loro testa la connessione dei pensieri, dei giudizi, delle valutazioni, dei rapporti sociali obbedisce a regole di cui il borghese conosce solo la lettera, e, naturalmente, il contingente culturale imposto dalla sua classe, almeno dal Seicento in poi, e con particolare riferimento agli ultimi decenni.[47]

---

47 *Ibidem.*

Il borghese, dunque, conosce solo quel che emerge dalla relazione che ha con questi strati sociali, ma la reale condizione del popolo gli è assolutamente estranea. Nella vicenda pasoliniana è al contrario evidente la totale compromissione del poeta con i sottoproletari romani, con cui viveva nel Tiburtino.

Ad ogni modo il rapporto tra l'ambulante napoletano di Porta Portese e l'acquirente colto risulta tipico fino all'assolutezza: si tratta della compravendita di un bene di equivoca provenienza.[48]

Questo bene è il punto di scambio fra due attori sociali che fanno riferimento a due mondi simbolici completamente diversi.

Il malandrino napoletano sarà rimasto sicuramente convinto di aver "fregato" il compratore "micco" che si interessa di "carte vecchie"; e il compratore sarà rimasto soddisfatto sia dell'acquisto eccezionale, sia del fatto di essersi comportato onestamente con quella "maschera" napoletana.[49]

Lo scambio in moneta, qui, non realizza lo scambio equivalente che, secondo le leggi dell'economia, esso dovrebbe garantire: il valore del bene è profondamente diverso per chi vende e per chi compra.

Le "carte vecchie" erano un pacco di corrispondenza amorosa tra Salvatore Di Giacomo ed Elisa Avigliano, la sua futura moglie. Enzo Siciliano, venuto in possesso del grosso manoscritto, l'ha pubblicato – premettendovi una puntigliosa introduzione, dove l'attrito tra l'assunto filologico (un po' impersonale) e un reale interesse, niente affatto spersonalizzato, per *l'eros* di Di Giacomo, produce impuntature quasi stridenti, malgrado la morbida eleganza. La quantità delle cose che non sappiamo è immensa, praticamente illimitata. Su questa usiamo di tagliare un piccolo quantitativo di conoscenze e informazioni che crediamo la nostra cultura. Per esempio, io avevo letto i volumi di poesia di Di Giacomo, e quindi credevo di conoscerlo. In realtà era una conoscenza di comodo, in fondo irrispettosa e interessata.

---

48 *Ibidem.*
49 *Ivi,* pp. 470-471.

Queste lettere di un fidanzamento durato vent'anni irrompono come un'alluvione sulla mia conoscenza comoda di Di Giacomo. Va bene, non toccano il giudizio ultimo, finale e sintetico sulla sua poesia. Ma la rendono "altra". Lo scontro di classe che si è verificato nell'aneddoto del ritrovamento a Porta Portese delle vecchie lettere di Di Giacomo a Elisa, è in realtà all'origine di tutta la poesia digiacomiana.[50]

L'immagine di Di Giacomo come poeta popolare viene distrutta proprio da questo ritrovamento. È un bellissimo esempio di analisi antropologica operata sul testo. Le lettere, destinate a rimanere segrete, e che rivelano quindi la vera natura dell'uomo, fanno scoprire un Di Giacomo profondamente piccolo-borghese, nel migliore e insieme nel peggiore senso della parola.

La lingua italiana che vi è usata esclude, direi teologicamente, il dialetto [rivelando la duplicità dell'atteggiamento dell'uomo, N.d.A.]. È la lingua del privilegio, così assimilato da essere innocente e immemore. Ed è anche la lingua di una psicologia viziata che pone le ansie di un narciso piccolo-borgese al centro dell'universo, senza spazio per altro. Lo sfondo è quello di una Napoli borghese e colta (biblioteche, caffè, teatri, editori, il golfo visto dagli occhi "alienati" di un alloglotta). C'è forte anche quel sapore esotico che distingue la cultura borghese napoletana dalla cultura borghese italiana. [...] Bastano le poche, squisite citazioni che Siciliano fa della poesia di Di Giacomo nella sua prefazione, per farla leggere sotto una luce nuova. La reale "struttura prima" di questa poesia è il rapporto tra il borghese Di Giacomo e la cultura popolare napoletana, colta al suo stato più alto, dove solo era possibile lo scontro, apparentemente amoroso, di classe. L'ingenuità e la purezza di Di Giacomo sono stupendamente mimetiche: ma mimetiche di un modello inventato.[51]

Le lettere non esprimono mai passione per Elisa, non sembrano far parte di una storia d'amore. Di Giacomo parla una lingua borghese per riferirsi a un mondo simbolico borghese, molto diverso da quello popolare napoletano, dove la sessualità è vissuta come normalità fin dalla prima infanzia. Come vedremo

---

50 *Ivi*, p. 471.
51 *Ivi*, pp. 471-472.

più approfondamente nel prossimo paragrafo, in quest'analisi si scorge un collegamento alla critica espressa da Pasolini nei confronti della scuola del neorealismo, e in particolare a Visconti per *Rocco e i suoi fratelli*. Gli immigrati dipinti dal regista sono troppo belli: Alain Delon e i suoi "fratelli" come contadini sembrano fuori luogo, i personaggi sono quasi tutti forzati.

Pasolini è protagonista di un'eccezionale scoperta che si riferisce al terreno di incontro tra le classi sociali: la lingua e la sua acquisizione scientifica. Il grande filologo Gianfranco Contini, che lo scopre e lo introduce al mondo letterario, individua in quest'uomo un poeta che va oltre la filologia, che studia la lingua per comprendere la cultura.

Tornando all'analisi delle lettere di Di Giacomo, Pasolini scrive:

> Tutto il suo mondo popolare è di maniera, o almeno visto solo in quello strato più alto in cui Di Giacomo poteva conoscerlo, e in cui la cultura della classe dominante è *nell'atto* di affidare i suoi valori alla cultura della classe dominante, e questa è *nell'atto* di farli suoi.[52]

Attraverso un processo mimetico l'universo simbolico piccolo-borghese viene trasferito, per mezzo del linguaggio dialettale, al popolo, che a sua volta, leggendo questa poesia, assumerà come propri i suoi presunti valori lì riportati: è una delle caratteristiche della canzone napoletana, il maggior strumento di colonizzazione delle masse napoletane da parte delle classi alte. Attraverso il dialetto si inventa un mondo simbolico che non appartiene al popolo, ma che gli impone determinati valori. Di Giacomo è analizzato attraverso una lettura in filigrana, attraverso un meccanismo di ombre cinesi che le lettere alla fidanzata proiettano sulla sua opera letteraria, e diventa dunque un poeta di passaggio dialettale, un poeta di transizione, dalla cultura alta alla cultura bassa: Pasolini asserisce che la transustanziazione non è ancora avvenuta.

---

52 *Ivi*, p. 472.

Transustanziazione è un termine di derivazione cattolica, a cui Pasolini ricorre espressamente per esprimere questo concetto, potrebbe infatti parlare anche di "mescolanza", "inveramento", ma preferisce ricorrere all'immagine del corpo di Cristo che si trasforma, esattamente come la cultura dominante è nell'atto di transustanziarsi nella cultura popolare. Di conseguenza, afferma:

> In Di Giacomo non c'è la descrizione del "sottosviluppo" napoletano e della sua cultura "selvaggia". Tale descrizione c'è, invece, almeno in parte, in Ferdinando Russo, poeta più discontinuo, ma non meno grande di Di Giacomo. Ferdinando Russo ha compiuto quella discesa agli inferi (del "sottosviluppo") che Di Giacomo non ha creduto opportuno compiere.[53]

Qui Pasolini compie una svolta semantica, perché passa dall'analisi della lotta di classe nel linguaggio, e con il linguaggio, tra la cultura popolare e la cultura dei colti alla riproposizione di un'opera fondamentale per capire etnograficamente la cultura napoletana, la quale gli offre il destro per fare nuove osservazioni sulle tematiche che ha iniziato a individuare nella poesia di Di Giacomo.

> I due poeti [Russo e Di Giacomo, N.d.A.] sono complementari. E a loro due, insieme, è dedicata infatti l'opera di Abele De Blasio (*La camorra di Napoli,* composta di quattro volumi: *Costumi dei camorristi, Il paese della camorra, La malavita a Napoli, Tatuaggio*). Abele De Blasio ha condotto le sue ricerche proprio negli stessi anni in cui Di Giacomo e Russo poetavano, secondo un metodo di ricerca che aveva il suo maestro in Lombroso, e le sue *lucernae* in altri antropologi, per così dire "veristi" oggi dimenticati. La sua rozzezza era dunque estrema. Il suo rapporto con la "plebe" napoletana era quello degli scrittori di "storie patrie", diffusi in tutte le province italiane.[54]

De Blasio si avvale dunque del metodo positivistico, sospendendo il giudizio valutativo sulla plebe napoletana. Attraverso

---

53 *Ibidem.*
54 *Ivi*, pp. 472-473.

l'uso di strumenti etnografici emerge una grandissima descrizione del comportamento delle classi subalterne.

Anche di fronte alle cose più atroci, non manca in Abele De Blasio un curioso moto di benevolenza e fierezza: alla fin fine si tratta di glorie folcloristiche.[55]

Se il missionario penetrava nei popoli primitivi e faceva vestire le donne, distruggendo le culture, De Blasio le guarda nude. I riti del popolo napoletano possono essere efferati, ma vengono sempre descritti avalutativamente, con il distacco tipico dello sguardo scientifico. «Di fronte ai napoletani poveri, egli si comporta come un entomologo che parla scherzosamente degli usi e dei costumi degli insetti: li antropomorfizza»,[56] come Guido Gozzano nelle sue poesie sulle farfalle.

D'altra parte è un motivo corrente di queste sue pagine quello di paragonare la cultura popolare napoletana alla cultura selvaggia dei popoli esotici.[57]

Le diverse classi sociali (aristocrazia, borghesia e popolino), a Napoli, non condividevano nulla. Abitavano, è vero, nella stessa casa, ma si trattava quasi di etnie diverse. L'unico elemento comune era il dialetto, la lingua, che tuttavia non le unificava negli stili di vita. Dice ancora Pasolini:

Al di fuori di ogni principio di valore, tale punto di partenza era sostanzialmente corretto. *His fretus*, con molta modestia e lepidezza, Abele De Blasio accumula nei suoi libri – anche con molte ripetizioni – un materiale prezioso di notizie e informazioni. Ed è l'inferno. Almeno per un progressista medio. Il "tenore di vita" di alcune centinaia di migliaia di uomini, donne e bambini, risulta quasi inconcepibile a mente umana.[58]

---

55 *Ibidem.*
56 *Ibidem.*
57 *Ivi*, p. 473.
58 *Ibidem.*

L'epoca in cui scrive De Blasio è quella di una Napoli abbandonata dalla dominazione ispano-borbonica, che era storicamente stata il fulcro della riproduzione di una cultura immota, non essendosi mai verificato uno spostamento degli equilibri economici. Ciò che caratterizzava questa società era un mutamento estremamente lento – la vita, ai livelli minimi di sopravvivenza, era uguale da secoli –: questo è l'elemento che determina le culture popolari. Secondo Pasolini è inutile guardare esteticamente alla conservazione di tali culture, come si proponeva di fare il neorealismo, perché in questa condizione c'è un substrato di enorme dolore.

A conferire simbolicità, senso, a questo mondo, non erano né la cultura delle classi dominanti né la chiesa cattolica. Leggendo le relazioni delle visite pastorali riportate da De Rosa si nota come i vescovi, dal Settecento in poi, lamentino la scarsa penetrazione negli usi e nei costumi del popolo napoletano. La religione cattolica che riesce a infiltrarsi rappresenta una mediazione con la paganità. Napoli è sempre stata una terra di missione, e lo è ancora negli anni Settanta.

> Le caratteristiche della cultura popolare – "altra" rispetto alla cultura borghese – che si era più o meno evoluta – e, quasi con invasata coscienza ideologica "estranea" ad essa – erano in quel momento codificate nelle "regole d'onore" della camorra. Un codice rigidissimo. Anche scritto, almeno per quel che riguarda le specifiche "paranze" camorristiche (i "frieni"). Era l'assoluta naturalezza con cui i napoletani vivevano questo codice che li rendeva stranieri al potere e a chi in qualche modo vi appartenesse. Si trattava di un universo "reale" dentro un universo che, rispetto ad esso, era "irreale": anche se questo secondo in realtà rappresentava il logico corso della storia.[59]

Persisteva quindi un ordinamento giuridico di fatto, dettato da un universo simbolico, camorristico, "altro" rispetto allo Stato. Esso si è anzi costruito contro lo Stato, contro la cultura

---

59 *Ibidem.*

di qualsivoglia istituzione non derivante dalla cultura bassa, la quale sprigiona un sistema di regole, di universi simbolici che rafforzano la fissità storica del popolino napoletano.

Il rovesciamento di prospettiva del napoletano che vede il mondo dall'interno del suo universo *reale ma astorico,* è uno scacco della storia.[60]

Nonostante abbia inizio lo sviluppo capitalistico, questo universo rimane invariato. Si tratta di un sistema criminale, ma pur sempre di un universo "altro", dove la storia si ferma, si pietrifica. Le relazioni sociali non sono mediate dai valori dello sviluppo capitalistico, ma dai valori di una cultura che a esso si sottrae. E ancora:

Se così non fosse, il mondo napoletano popolare non avrebbe una tale vitalità e un tale prestigio da presentarsi addirittura come una tremenda alternativa: anche oggi, che l'alternativa è monopolizzata dalla "coscienza di classe" proletaria, che detesta i sottoproletari e quindi, borghesemente, le "culture popolari", verso cui non ha mai espresso una politica decente.[61]

In questo passo emerge una critica al marxismo: non c'è solo la cultura di classe degli operai formatasi con il capitalismo, ma anche una cultura precapitalistica. Esiste un mondo inalterato:

Rispetto ai tempi di De Blasio le cose non sono poi, oggi, molto cambiate. Basta andare a Napoli [...]. Gergo, tatuaggi, regole d'omertà, mimica, forme di malavita e l'intero sistema di rapporti col potere sono rimasti inalterati. Anche l'epoca rivoluzionaria del consumismo che ha stravolto e mutato alle radici i rapporti tra cultura centralistica del potere e culture popolari non ha fatto che "isolare" ancora di più l'universo popolare napoletano.[62]

Pasolini vede una fissità perpetua in questo mondo, ma questa è, in gran parte, una sua invenzione poetica. In realtà, la ca-

---

[60] *Ibidem.*
[61] *Ivi,* pp. 473-474.
[62] *Ibidem.*

morra cominciava ad aderire, proprio in quegli anni, al mercato capitalistico, sfruttandone il sistema. Eppure il suo approccio resta valido: la camorra assimilava di questo sistema solo le parti che poteva riprodurre; infatti continua ad agire ancora oggi ed è, a quanto pare, inestirpabile. Questo saggio, uscito nel 1974 sul "Tempo" come introduzione al libro curato da Siciliano, spiega molto della persistenza della mafia anche nello sviluppo capitalistico. Le teorie sulla mafia e sulla camorra elaborate negli anni Sessanta sostenevano che culture di quel tipo sarebbero scomparse a contatto con la produzione capitalistica. Al contrario, simili culture criminogene – che non sono ovviamente intese come tali da chi le pratica, perché appartengono a un codice di valori, a un codice d'onore – si riproducono grazie alla fissità antropologica del mondo simbolico.

2.2 Il realismo caravaggesco

Pasolini scrive sempre con un certo distacco dalla realtà, senza però mai separarsene completamente. Non a caso la sua formazione avviene a contatto dei grandi innovatori della critica d'arte che insegnano all'Università di Bologna: Roberto Longhi, Francesco Arcangeli, la scuola che riscopre Caravaggio e la pittura barocca del Cinque-Seicento, in cui si compie la trasfigurazione nel sacro dell'incarnazione del vivente. Nei film di Pasolini la scelta dei personaggi ricalca molto questi modelli caravaggeschi: le sue Madonne, per esempio, non hanno nulla delle Vergini oleografiche, ma sono prese dal vivente, dal vissuto.

Oltre ai "romanzi di vita", l'altro grande strumento fonte di una formidabile espressività è proprio la pratica cinematografica. Si potrebbe dire che qui si sovrappongono due universi simbolici tipici della visione pasoliniana, critica dello sviluppo capitalistico: da un lato la riproposizione delle vicende attraverso continue citazioni dell'opera figurativa, dall'altro i veri e propri repertori etnografici che si concretano nei film giovanili – *La ri-*

cotta, Il Vangelo secondo Matteo, Accattone –, dove è evidente il rifiuto dell'attore di professione; fondamentale diventa, in questo senso, la critica a Visconti e con lui a tutto il cinema neorealista.

Pasolini adotta un linguaggio atipico per il grande pubblico: ciò è evidente sia nella riproposizione del dialetto, che nei suoi film non viene doppiato, sia nella costruzione di un realismo magico attraverso l'uso della luce e delle inquadrature: in questo senso, le sue pellicole degli esordi non possono essere definite veri e propri documentari, pur avendo alla base una continua ricerca etnografica.

Potrebbe essere utile, a questo punto, riprendere un testo che la critica pasoliniana ha sottovalutato: *Il sogno del centauro*, che contiene alcune interviste di Jean Duflot tra la fine degli anni Sessanta e la metà degli anni Settanta. Il centauro è Pasolini: un artista cinematografico, un poeta, che appartiene alla modernità ma che affonda nella tradizione, un rivoluzionario nelle forme ma, nello stesso tempo, un conservatore nei contenuti.

Il sogno del centauro si apre con l'intervista intitolata "Addio Rossellini". Rossellini ha avuto un ruolo fondamentale nella storia del cinema del secondo dopoguerra. È stato il protagonista più illustre e più colto del neorealismo italiano, così come di un cinema che, cessato di essere neorealista, è divenuto didattico. Una serie di film, soprattutto quelli dell'ultimo periodo, rivela l'incontenibile uso pedagogico che Rossellini fa del cinema; tra gli esempi più rilevanti, *La presa del potere da parte di Luigi XIV* e *Cartesio*. Un realismo creato attraverso la trasfigurazione di una realtà che entra prepotentemente nel film, il cui esempio migliore resta forse *Roma città aperta*.

Volendo stabilire una correlazione, i film di Rossellini stanno a quelli di Pasolini come Di Giacomo sta a De Blasio. Di Giacomo mima il dialetto ed è un falso poeta popolare, che non stabilisce un rapporto tra poesia della plebe e poesia colta ma rappresenta la mimesi e lo spossessamento del popolo, ricorrendo al linguaggio popolare per trasfigurare un finto dialetto: un piccolo-borghese che scrive come i popolani. Rossellini, secondo Pasolini, si trova in una condizione simile: è molto colto, ma mima la realtà. Nei suoi film non siamo di fronte a un repertorio etnografico che diventa arte attraverso l'uso dei mezzi filmici, ma a una pura invenzione, un artificio che raggiunge l'arte ma che non è la rappresentazione della cultura popolare. L'utopia di Pasolini, invece, è quella di far parlare direttamente, nei propri film, i senza voce, traendo spunto dalla grande scuola brasiliana del cinema-inchiesta che negli anni Sessanta filma personaggi presi dalla vita reale.

Il cinema è il grado zero della struttura (dal famoso libro che Roland Barthes scrive alla fine degli anni Cinquanta, *Il grado zero della scrittura*): per far emergere la realtà è necessario ridurre al minimo tutto ciò che è creazione, connotazione, riferimento alla tradizione letteraria: occorre che l'esperienza parli attraverso la scrittura.

È lo stesso procedimento sviluppato dal teatro naturalistico di Brecht in cui, attraverso un processo di straniamento, l'attore si distanzia dalla realtà esercitando su di essa uno sguardo critico, al fine di evitare un coinvolgimento emotivo. È lo stesso criterio che riprenderà Pasolini nei suoi film: i personaggi sono reali, a parlare sono quelli che finora non hanno mai avuto voce, e la trasfigurazione artistica consente uno spaccato creativo ma al contempo critico della realtà.

Nella sua intervista Duflot, teorico del cinema e sceneggiatore, chiede a Pasolini:

> Lei si è tuttavia circondato di collaboratori fra i quali alcuni sono vecchi compagni di strada. Il corvo-ideologo di *Uccellacci e uccellini* proclama che i tempi di Rossellini sono finiti. Eppure c'è nel tono del film, nel clima di realtà in cui sono immersi uomini e oggetti, una specie di aura rosselliniana, al tempo stesso nostalgica e maliziosamente sacrilega. È in quest'opera che Lei fa i conti con il maestro del neorealismo? Una sorta di esorcismo... propiziatorio?.[63]

---

63 P.P. Pasolini, "Addio Rossellini", *Il sogno del centauro*, in *Saggi sulla politica e sulla società*, cit., p. 1435.

L'intervistatore si riferisce al film più fantastico di Pasolini, l'ultimo della giovinezza e il primo della premorte, in cui il corvo è una figura mitica popolare, una citazione colta. Il film è pieno di elementi di discontinuità che la scuola del neorealismo non avrebbe mai accettato. Rossellini non avrebbe mai potuto concepire la presenza di Totò vestito da frate, l'emblema dello spirito evangelico, della semplicità, dello stupore.

Pasolini risponde così:

Se vuole c'è di fatto in questo film una specie di ambiguo omaggio a Rossellini in cui entrano sentimenti contraddittori: ammirazione per il Rossellini di *Francesco, giullare di Dio*, e ironia nei riguardi di una visione del mondo perenta. Lo stesso discorso potrebbe ripetersi per le allusioni a Fellini (la troupe di attori e clowns girovaghi, le creature felliniane dell'angelo e della prostituta...), che io associo a Rossellini per tutta una stagione neorealistica in cui la loro visione del mondo mi pare uguale. Quella stagione è tramontata, e con essa la loro visione del mondo. L'Italia, come il resto d'Europa, anzi più in fretta del resto d'Europa, si è lasciata alle spalle i tempi di carestia e di miseria del dopoguerra. Non ha più corso quindi la denuncia della vita quotidiana, almeno nella forma adottata in *Paisà* o nella *Strada*.[64]

Pasolini rifiuta gli stilemi figurativi e raffigurativi del neorealismo, che criticavano la miseria come condizione materiale. La sua critica è invece alla miseria spirituale, morale, frutto della modernizzazione accelerata e della distruzione antropologica.

Prima di *Ragazzi di vita*, in Italia nessuno aveva mai scritto un romanzo che sembrasse un prodotto estraneo al mondo letterario. I romanzi di Pasolini degli anni Cinquanta sono molto simili a quelli della beat generation americana, il cui intento era di rappresentare il mondo attraverso una descrizione sistematica della realtà. Kerouac raggiunge questo livello attraverso l'onirico, le droghe, la mescalina, ma anche nel suo percorso si indivi-

---

64 *Ivi*, pp. 1435-1436.

dua il tentativo di rappresentare la vita caotica delle metropoli
americane, dove il capitalismo si era già ipersviluppato.
L'Italia degli anni Cinquanta era ancora, per dirla con Pasolini, una società clerico-fascista, nonostante l'instaurazione
della democrazia. In quella società, caratterizzata da un'evidente
segregazione delle donne e da un sistema di censura tutt'altro
che smantellato, uno dei meriti di Livio Garzanti fu quello di
dare alle stampe Pasolini, che nessuno voleva pubblicare proprio
perché sfidava il sistema.

> Fellini dopo aver letto *Ragazzi di Vita,* romanzo ambientato tra i gio-
> vani sottoproletari di Roma, ha ritenuto che gli sarebbe stata utile
> una mia collaborazione per quanto riguardava il "colore locale" e il
> dialetto dei bassifondi romani. Gli occorreva qualcuno che conosces-
> se il mondo dei teppisti, dei magnaccia, dei ladri e delle prostitute dei
> quartieri periferici [...] Mi sono curato quindi soprattutto dei dialo-
> ghi [...] Solo una parte ne è stata conservata, dal momento che Fellini
> ha una concezione del dialetto piuttosto diversa dalla mia.[65]

Fellini segue un'altra logica: per lui, il dialetto è un orpello
estetizzante, non un documento. L'estetismo dei latifondi e della
miseria alla base del cinema neorealista, secondo Pasolini, è il
maggior difetto di questa scuola. Si tratta, sostanzialmente, di
un rifiuto dello spirito critico, e della riproduzione di quello che
lui stesso chiama lo zdanovismo dell'arte, ossia l'uso del cinema
ai fini della propaganda politica. Pasolini ha sempre criticato chi
strumentalizza l'arte, in letteratura come nel cinema.

> Lo fanno da "moralisti". Il loro moralismo, d'altronde, è all'opposto
> di ciò che dovrebbe essere lo spirito critico e scientifico.[66]

Un tale spirito emerge da libri come quelli di De Blasio, che
descrivono la pura e semplice realtà e da cui Pasolini trae spunti
per il suo lavoro.

---

65 *Ivi*, p. 1437.
66 P.P Pasolini, "Cambiare il cinema", in *Il sogno del centauro,* cit., p. 1441.

Idealisti, i migliori di loro ragionano quando si tratta di politica, ma basta che parlino di cinema, per esempio, ed ecco che smettono di ragionare. Sottopongono il loro ragionamento ad un sentimento originario (piccolo-borghese), al sentimento cioè dell'utilitarismo. Non avvertono quanto l'utilitarismo sia fondamentalmente borghese. E, strano fenomeno, nel ragionare da neo-zdanovisti riproducono gli stessi difetti del marxismo classico, contro i quali essi stessi si accaniscono.[67]

Per Zdanov, il famoso commissario politico incaricato di organizzare la censura in Unione Sovietica nell'ultimo periodo della vita di Stalin, il fine ultimo dell'arte consisteva nella propaganda: tutta la produzione artistica doveva essere diretta alla glorificazione del partito.

Porre il cinema esclusivamente sul piano dell'utilitarismo, dell'azione, come arma di lotta, invece di svilupparlo come poesia, ha dunque reso inutile ogni ricerca pura, scientifica ed estetica. Almeno per il momento.[68]

Pasolini si pone tra questi poli: rappresenta la realtà così com'è, sfidando ogni censura, ogni perbenismo, ma nello stesso tempo rifiuta la strumentalizzazione a fini politici immediati di questo cinema-verità, o struttura-verità, ritenendo che il fine debba essere sempre quello della creazione poetica. Pasolini è un poeta, non un sociologo, e nemmeno uno storico. È necessario tenerlo presente nell'accostarsi ai suoi lavori, di qualsiasi genere essi siano. Anche gli scritti più spiccatamente politici, come le *Lettere luterane* o gli *Scritti corsari*, devono essere letti sempre all'interno di questa commissione.

Dall'intervista rilasciata a Duflot emerge un motivo di fondo, un tono, una musica predominante, quando questi gli chiede:

---

67 *Ibidem.*
68 *Ibidem.*

Lei mi ha detto che la tonalità dominante dei suoi film è la disperazione, perché ci sono ragioni di sperare che Lei non può più permettersi. E solo l'espressione di una crisi ideologica?[69]

Siamo negli anni Settanta, si parla molto della fine delle ideologie: il mondo in cui vive Pasolini è dominato da questa visione. Nella *Dolce vita* a togliersi la vita è proprio l'intellettuale, che porta con sé anche i suoi figli. A uccidersi è l'uomo che ascolta Bach, che non ha più speranze e non vuole che i figli vivano in un mondo simile. È un grido di dolore, il suo, in uno dei film più pessimisti del Novecento.

Pasolini risponde:

Credo che "crisi ideologica" sia un pleonasmo. L'ideologia che non mettesse in crisi non è ideologia. La mia prima opera poetica, *Le ceneri di Gramsci*, esprimeva già una crisi ideologica. L'opera successiva, come tutte le altre, non fu quel superamento di un primo momento di crisi ideologica, e quindi, a sua volta, una crisi. In poche parole, non ho mai posseduto un'ideologia nel senso corrente del termine.[70]

Pasolini si pone quindi oltre Gramsci, mosso dalla necessità di superare anche quel marxismo così innovativo, di stampo soggettivistico, idealistico, che metteva al centro il rapporto tra intellettuali e popolo, ma che gli appare incapace di interpretare ciò che sta succedendo nell'Italia della modernizzazione. Insiste l'intervistatore:

È compatibile l'ideologia marxista, che è una delle linee di forza della sua ispirazione, con questa crescente disperazione della sua opera?[71]

Il marxismo soggettivistico dovrebbe costitutivamente confidare sempre nella forza del movimento storico reale; più che essere un prodotto della volontà degli uomini, l'avvento del so-

---

69 P.P Pasolini, "L'Apocalisse secondo Pasolini", in *Il sogno del centauro*, cit., p. 1442.

70 *Ibidem*.

71 *Ibidem*.

cialismo e di una società più giusta è inscritto quindi, per Marx ed Engels, nella storia. Questi pensatori sono guidati da un ottimismo naturale. Per Gramsci, Lenin, Rosa Luxemburg, invece, il socialismo non è il frutto naturale della storia, ma il prodotto esclusivo della volontà dell'uomo. Nella sua domanda, Duflot riflette la visione tipica del comunismo francese, molto legato alla tradizione staliniana del marxismo: una visione estremamente dogmatica, che guarda al comunismo come a un movimento naturale, destinato inevitabilmente a trionfare.

Risponde Pasolini:

Non lo so, è un po' come i due piatti di una bilancia. Se togli ottimismo da una parte e aggiungi pessimismo dall'altra, la bilancia inclina da questa parte. In realtà l'ottimismo tolto dalla bilancia si trasmuta in umorismo, in una forma di saggezza empirica che non avrei mai sospettato di avere, e in utopia. [...] Sto scivolando verso una forma di umorismo di cui diffido profondamente.[72]

Duflot:

In *Ragazzi di vita* l'umorismo non è assente dal parlare della gente del popolo.[73]

E Pasolini:

Il popolo non è umorista, nel senso che possiamo attribuire all'umorismo degli scrittori del Seicento [...] il popolo è comico, spiritoso. [...] L'umorismo è distacco dalla realtà, atteggiamento contemplativo di fronte alla realtà, e quindi dissociazione tra sé e questa realtà.[74]

Giungiamo, qui, al passaggio chiave dell'intervista:

"Eppure gli sberleffi maliziosi del ragazzo del popolo che prende come bersaglio il ricco turista smarrito nella sua borgata sub-romana, non testimoniano a loro volta di un certo distacco da una certa realtà?".

---

72 *Ibidem.*

73 *Ivi*, p. 1443.

74 *Ibidem.*

"No, non credo, non ci sono distacchi dalla realtà, perché per loro la realtà è naturalmente non seria. Per esempio i "ragazzacci" di cui Lei parla sono dei *poulbots* romani. Ora, Roma è tutto fuorché una città cattolica. È una città pre-cattolica, dalla mentalità epicurea, stoica. [...] Qui i valori cristiani, cattolici non hanno più corso [...] Vigono il senso dell'onore, la lealtà, la virtù per la virtù, la sensualità, lo stoicismo, l'epicureismo. Di conseguenza, il loro 'spirito' si esprime all'interno della loro realtà. Non ne esiste un'altra per loro".[75]

Roma si è conservata fuori dal dominio del Vaticano. Il sottoproletariato delle borgate romane è simile a quello napoletano, il quale si difendeva attraverso la cultura della camorra, che nessun tentativo delle classi dominanti riusciva a scalfire. Secondo Pasolini si tratta di una perpetuazione di culture antichissime, risalenti al mondo pagano, quello che De Martino ritrova nei riti e nei miti del contadino lucano. I classici dell'antropologia ci hanno spiegato che i santi sono la trasmutazione degli dèi pagani nella religione cattolica. Non a caso le popolazioni hanno adottato queste figure come protettori, come intermediari: al santo si chiede una raccomandazione per arrivare a un dio che è troppo lontano. Maggiore è il culto dei santi, più il fenomeno del clientelismo viene accettato come un fatto naturale.

Sempre sul sottoproletariato, Duflot chiede:

Anche se il loro distacco, la loro dissociazione si situano sul crinale sociale ed economico?[76]

Risposta:

Nel senso molto esteso della parola, non dico di no. Ma l'umorismo di cui Le sto parlando segue altre regole; i suoi canoni sono borghesi; ne è il modello compiuto l'umorismo anglosassone. Quest'umorismo della società più borghese del mondo non ha niente a che vedere con lo spirito del popolo romano.[77]

---

75 *Ibidem.*

76 *Ivi*, p. 1444.

77 *Ibidem.*

Si tratta del distacco dalla storia dello sviluppo capitalistico, dovuto alla fissità storica di quei valori precapitalistici che continuano a riproporsi nella vita del popolo. In quest'ottica, ogni opera di Pasolini ha un senso apocalittico, caratterizzato dal rifiuto della modernizzazione e del progresso, che generano una disperazione totale. *Accattone* è l'emblema di quest'angoscia: non si può fare nulla per aiutare l'uomo che sta morendo di fame. *Ragazzi di vita* rappresenta un mondo coeso che vive dei propri miti e dei propri riti e che si rifiuta di immergersi nella società borghese ma paga anche il prezzo della miseria. Chi di questo elemento ha fatto una sorta di umorismo borghese è stato Alberto Sordi in alcuni film; nel più significativo, *Lo scopone scientifico*, con Silvana Mangano, i miserabili sono resi ancor più miserabili da un'avidissima anziana signora aristocratica che li priva di ogni bene per mezzo delle carte. Il film, però, non suscita disperazione: gli spettatori sono divertiti dal susseguirsi delle sciagure della coppia protagonista. È un film consolatorio, che ha formato la coscienza di moltissimi uomini.

> Come spiegare che in ognuno dei suoi film cresca la visione di un'imminente apocalisse? *Teorema, Porcile, Medea...* si tratta sempre più di parabole sulla fine del mondo. – Dice Pasolini: – La fine di *un* mondo, piuttosto.[78]

Come il più bieco dei marxisti, l'intervistatore riprende:

> "In quanto marxista, Le pare sia sufficiente limitarsi a fare l'elenco degli indizi, dei sintomi della catastrofe di un mondo? L'oscurità, la complessità tenebrosa dell'universo che Lei esprime, per mezzo del 'mito', rimangono legate al mondo del peccato, della colpa..."
> "Marxisti o no, siamo tutti coinvolti in questa fine di un mondo. La società non ha risolto, più di quanto sia riuscito a Edipo, il mistero della sua esistenza. Io guardo la faccia d'ombra della realtà, perché l'altra non esiste ancora. Alcuni anni fa, pensavo che i valori sarebbero sorti dalla lotta di classe, che la classe operaia avrebbe realizzato

---

78 *Ivi*, p. 1448.

la rivoluzione, e che questa rivoluzione avrebbe generato dei valori chiari, giustizia, felicità, libertà... Ora, prima sono stato richiamato alla realtà dalle rivoluzioni russa, cinese, poi da quella cubana. Ogni ottimismo beato, incondizionato, mi veniva da allora precluso. Per di più, attualmente, il neocapitalismo sembra seguire la via che coincide con le aspirazioni delle 'masse'. Così scompare l'ultima speranza in un rinnovamento dei valori attraverso la rivoluzione comunista. Questa speranza è diventata utopia, almeno in me. Per i giovani, forse, è diverso, forse i giovani hanno riscoperto la speranza".[79]

La speranza o la disperazione dipendono per Pasolini dalla mutazione dei valori che avrà luogo. Verso la fine dell'intervista, ammette:

Oggi, si può pensare che la mutazione dei valori si opererà nell'entropia. [...] Questa mutazione di valori è di per sé un fenomeno imprevedibile. Quando la storia si è compiuta e si è preso un certo distacco, è possibile definire i meccanismi attraverso i quali, una volta conclusa la mutazione di valori, l'uomo è diventato depositario di valori nuovi: tanto quanto è difficile definire la futura configurazione morale.[80]

Antropologicamente il consumismo è cultura, ma una cultura che non ha più in sé l'elemento della civilizzazione. Questa intervista, che risale agli ultimi anni della vita di Pasolini, mette in risalto una fase critica, in cui il poeta assiste alla trasformazione dei valori senza sapere ancora quale cultura emergerà da questo cambiamento.

2.3 La modificazione linguistica secondo Pasolini

Come abbiamo visto, per Pasolini l'elemento rivelatore del cambiamento è la lingua. Se in questo egli si avvicina all'antropologia, in quanto vive con i sottoproletari, allo stesso tempo se ne allontana, perché non segue i canoni della disciplina. Pasolini

---

[79] *Ibidem.*
[80] *Ivi*, pp. 1449-1450.

utilizza la lingua come tessuto che rivela un cambiamento, che interessa i parlanti della lingua stessa, come se dall'ordito del linguaggio trapelasse una sorta di disvelamento dei rapporti di produzione. Rispetto alla questione della lingua, c'è in Pasolini una sorta di nostalgia del passato, di un amore per l'incontaminato, filtrato anche dal mito roussoniano dello stato di natura. Nel 1965 il poeta scrive il saggio *Viaggio in Marocco*, un piccolo capolavoro di analisi socio-economica e linguistica, dove vede un mondo sull'orlo della fuoriuscita dal sistema utopico dell'incontaminato.

Prima di immergerci nella questione della lingua, è utile citare la spiegazione offerta da Pasolini del perché, in Italia, la trasformazione economica, sociale e antropologica dei modi di vita, delle persone, avvenga tanto rapidamente e sostanzialmente senza seguire un ordine. Il suo punto di vista è contenuto nello scritto *Rinnovarsi dai Fantasmi*, risposta alla lettera in cui Mario Vinciguerra lo interroga sulle ragioni per cui si dovrebbe rinnovare l'analisi marxista e della sinistra dell'epoca. Pasolini chiarisce la necessità di rifondare i modelli teorici:

> In Italia, perché l'avvento del neocapitalismo ha assunto forme quasi rivoluzionarie per la nostra società, che, mancando della complessità, della maturità, della tradizione, della grandezza delle borghesie francesi, inglesi o americane, ne è improntata clamorosamente. Anzi, la nascita di una borghesia potenzialmente egemonica (come era già avvenuto nell'Ottocento nei grandi Stati europei) e il suo aspetto neocapitalistico coincidono.[81]

Le classi dirigenti italiane non sono profondamente stratificate o articolate: non sono mature, non si sono formate attraverso la lotta allo Stato assolutista, come è successo in Francia o in Inghilterra, per non dire degli Stati Uniti, che nascono come Stato borghese. L'Italia non è mai passata attraverso questo pro-

---

81 P.P. Pasolini, *Rinnovarsi dai "fantasmi"*, "Vie nuove", n. 4, 28 gennaio 1975, in *Saggi sulla politica e sulla società*, cit., p. 1049.

cesso caratteristico dell'Ottocento: la crescita della borghesia, quando si è verificata, è stata molto contenuta.

Pasolini parla di una borghesia potenzialmente egemonica, che informa la società in tutti i suoi aspetti dei propri valori, di un *ethos* borghese: il lavoro, la disciplina sociale, il rispetto di determinate norme. Una delle caratteristiche essenziali del neocapitalismo pienamente industriale è stata la trasformazione in merce anche della cultura, attraverso l'industria culturale. In questo senso si differenzia dal vecchio capitalismo, più statico, meno innervato dai grandi effetti della tecnologia e soprattutto che lasciava ampio spazio anche a dimensioni esterne al mercato.

Proprio a causa di una crescita così accelerata, le classi sociali non si sono formate lentamente, per lunghe accumulazioni storiche, ma in brevissimi lassi di tempo. Il grande proletariato italiano dura solo vent'anni, dal 1950 al 1970, a seguito della forte immigrazione al Nord di contadini meridionali: oggi è già scomparso, per via del mutamento del capitalismo. In Inghilterra, la classe operaia dura interi secoli e rappresenta un movimento di massa. La formazione del proletariato inglese risale agli inizi dell'Ottocento, come testimonia Engels nella *Condizione della classe operaia in Inghilterra* (1845), o lo storico Thompson nei suoi testi sul movimento operaio inglese. Processi simili si attuano in Francia o in Germania, dove il proletariato cresce parallelamente all'espansione della borghesia. L'Italia è uno Stato cangiante, un paese molto più simile all'America Latina che all'Europa, perché è sempre stato un paese di classi medie. La maggioranza della popolazione è sempre appartenuta alla categoria degli impiegati, dal terziario avanzato all'impresa.

Pasolini parla di rivoluzione antropologica, non di lenta trasformazione delle culture. Così come la trasformazione economica è eccezionalmente rapida, anche quella culturale sembra seguire questo meccanismo. Si tratta però, in sostanza, di cambiamenti superficiali.

Caro Pasolini [...] Vorrei sapere: non ti sembra che in tutti questi anni il Pci, i sindacati, le organizzazioni politiche di sinistra abbiano contribuito in misura non indifferente alla creazione di un certo linguaggio attraverso i comizi, le riunioni, i dibattiti? Non ti sembra che, data la vastità dell'influenza di tali organizzazioni, e data anche la forza della modificazione di tali argomenti, tale linguaggio – che era gergo – sia diventato anche patrimonio della lingua nazionale, nel suo processo dialettico? A me sembra un caso in cui una classe oppressa (attraverso le sue organizzazioni) ha imposto una certa modificazione del linguaggio.[82]

La risposta di Pasolini risulta centrale per riuscire a capire molti suoi romanzi, e soprattutto gli articoli raccolti nelle *Lettere luterane* e negli *Scritti corsari*:

In una conferenza pubblicata poi su "Rinascita", io sostenevo che "è nato l'italiano come lingua nazionale". L'italiano è sempre stato – spiegavo – una lingua letteraria [...] Con l'unità nazionale tale lingua letteraria [...] è divenuta la lingua dei rapporti nazionali, è divenuta la lingua media della nazione. Ma non è mai stata una vera e propria lingua nazionale (come il francese o l'inglese: una lingua cioè conosciuta, accettata e elaborata da tutte le classi sociali): essa è stata semplicemente della borghesia. Cioè la lingua di una classe che l'usava per i propri interessi economico-politici e per i propri pretesti culturali [...], imponendola dall'alto alle altre culture sociali, come una lingua straniera. Il grande principio unificatore dall'alto, autoritario o paternalistico, di tale lingua media è stata la burocrazia, l'apparato statale.[83]

Il popolo aveva come unica lingua scritta quella dello Stato.

E i mezzi di diffusione, oltre alla scuola umanistica e piccolo-borghese, sono state le infrastrutture di base, l'esercito, la ferrovia, i giornali ecc. Il latino era sempre stato il grande modello della lingua: ora tale modello era "borghesizzato" attraverso lo "spirito burocratico-statale".[84]

---

82 P.P. Pasolini, *La lingua tecnologica*, "Vie nuove", n. 7, 18 febbraio 1965, in *Saggi sulla politica e sulla società*, cit., pp. 1049-1050.

83 *Ivi*, p. 1050.

84 *Ibidem*.

Le borghesie degli altri paesi avevano lottato contro la burocrazia statale per affermarsi. In Italia, invece, la borghesia usa lo Stato per unificarsi, per esempio in campo economico. Nasce prima il capitalismo di Stato che quello privato. E lo Stato diviene fautore dell'unificazione linguistica. L'esercito, per un secolo, cerca di educare gli uomini, anche per mezzo dell'imposizione linguistica, impartendo gli ordini in italiano.

L'italiano come lingua nazionale comincia a esistere (ancora piuttosto come principio, come possibilità, che come realtà) in questi anni. Che cosa è successo? Che la borghesia dominante, attraverso la completa industrializzazione del Nord, attraverso un nuovo tipo di rapporti (neocolonialistici) con il Sud, attraverso un ingigantimento dei mezzi di produzione e di diffusione della "cultura del potere" (televisione, soprattutto), attraverso quel nuovo tipo di urbanesimo che è l'emigrazione interna (per cui Milano e Torino sostituiscono l'America), la borghesia dominante, ripeto, tende a diventare egemonica.[85]

Essa non possiede più solo la ricchezza, ma tende a diffondere il proprio stile di vita in tutte le classi sociali.

E poiché tale "salto di qualità" coincide – a livello mondiale – con l'evoluzione neocapitalistica verso la tecnocrazia – e linguisticamente, verso la lingua tecnologica – si ha in Italia una vera e propria rivoluzione sociale.[86]

Questo coincide, a livello mondiale, con la tecnocrazia, ossia l'assegnazione del governo nelle mani di élite competenti ma separate dal popolo, e, sul piano linguistico, con l'adesione a una lingua tecnologica, che non scaturisce dalla mutazione lenta e secolare dei rapporti sociali, com'era successo in altri paesi, ma che avviene in modo rapido e dirompente. I grandi progetti di alfabetizzazione delle province francesi interne iniziano già nel Settecento, epoca in cui l'Inghilterra registra tassi minimi di analfabetismo. Negli Stati Uniti lo sviluppo dell'alfabetismo è

---

85 *Ivi*, pp. 1050-1051.
86 *Ivi*, p. 1051.

precocissimo: l'immigrato impara contemporaneamente a parlare e a scrivere la nuova lingua. In Italia la mutazione linguistica produce una vera e propria rivoluzione sociale. La borghesia accentra in sé potere economico, cultura di massa e lingua, e attraverso la televisione diffonde queste ultime in tutto lo Stato. Per la prima volta l'italiano comincia, almeno potenzialmente, a essere una lingua nazionale. Se prima della rivoluzione tecnologica neocapitalistica il principio unificatore era burocratico-statale, ora è tecnocratico-tecnologico, appartenente cioè alla cultura della scienza applicata. Le grandi imprese torinesi o milanesi fungono da centri di unificazione delle lingue degli operai. I dialetti sono unificati e uniformati.

> Il suo principio unificatore non è più lo spirito burocratico, ma quel nuovo spirito – senza precedenti o equivalenti nel passato – che è lo spirito tecnologico, ossia la "cultura della scienza applicata". Centri geografici dell'italianizzazione sono Torino e Milano, sedi ideali le aziende [...]. Tutti i vari tipi di linguaggi dell'italiano, ne sono modificati e uniformati. Per esempio il linguaggio dei politici ufficiali, ha perso il prevalente riferimento al latino e al classicismo enfatico, e lo sostituisce con un riferimento all'efficienza comunicativa della lingua e della tecnica.[87]

Anche nella lingua della politica si riverberano queste contestazioni e si attuano queste trasformazioni.

> Il linguaggio della lotta politica italiana, ha avuto indubbiamente un grande peso nell'evoluzione della lingua italiana [...]. Così come l'Italietta giolittiana [dall'inizio del Novecento fino agli anni Cinquanta, N.d.A.], burocratico-statale, aveva contestato e messo fuori gioco il "classicismo agrario" [...] sostituendolo, attraverso una spinta dal basso non popolare, ma dei ceti medi, con un "classicismo piccolo-borghese" (ossia una retorica fascista), dalla Resistenza in poi è accaduto che una spinta popolare dal basso, guidata dal Pci, abbia a sua volta contestato e messo fuori gioco il classicismo fascista, avviandosi per

---

87 *Ibidem.*

una strada [...] di rinnovamento dell'italiano dal basso, di italianizzazione dell'Italia attraverso la presenza rivoluzionaria del popolo, e
attraverso un'idea gramscianamente nazional-popolare della letteratura. È stata sostanzialmente la strada italiana dell'impegno (neorealismo e scoperta dell'Italia popolare e dialettale).[88]

Una delle idee portate avanti dalla Resistenza era la possibilità di attuare un processo di unificazione dal basso dell'economia, per esempio attraverso la riforma agraria. Questo progetto,
tuttavia, era fallito. Nel contempo c'era stato anche un tentativo
di unificare, attraverso un nuovo tipo di arte, le culture popolari
al fine di assorbirle, non di annichilirle. Nel cinema tale tentativo era stato compiuto dal neorealismo, di cui Pasolini è figlio,
mentre nella narrativa gli esempi più indicativi sono rappresen-
tati da Silone, da Moravia con *La ciociara* e da Elsa Morante con
La storia.

Ma ora questa strada è stata improvvisamente bloccata da un fenomeno nuovo, che ha deviato il processo storico dell'italianizzazione
linguistica. [...] il brutale proporsi della borghesia italiana come classe
egemonica, che viene a interrompere il grande sogno egemonico comunista.[89]

I comunisti erano stati i più decisi interpreti del neorealismo.
Il neocapitalismo si oppone al neorealismo perché impone una
lingua egemonica, un modello linguistico tecnocratico dettato
da quello strumento di comunicazione di massa che il neorealismo aborre: la televisione, la quale non rappresenta le realtà
locali, ma un'italianità media in tutto e per tutto, dal modo di
vestire a quello di parlare. Nella televisione di Bernabei i presen-
tatori non hanno inflessioni dialettali: il compito dei dirigenti
Rai è realizzare l'unificazione linguistica.

---

[88] *Ivi*, pp. 1052-1053
[89] *Ivi*, p. 1053.

2.4 La televisione e Babilonia

Nel 1966 Pasolini scrive un saggio intitolato *Contro la televisione*. La riflessione è ispirata da una proposta che la Rai rivolge a Liliana Cavani a metà degli anni Sessanta perché giri un film su san Francesco.

Pasolini sta lavorando al *Vangelo secondo Matteo:* si impone quindi un confronto sul tema religioso. La critica alla Cavani gli consente di aprire una critica alla televisione e alla lingua tecnocratica.

> Mi dispiace doverlo brutalmente dire alla Cavani: il suo film è un prodotto tipicamente televisivo [...]. San Francesco è divenuto accessibile alla borghesia italiana [...] attraverso una sua appartenenza all'ambiente borghese.[90]

Nel film di Pasolini, Cristo ricerca sempre lo scandalo evangelico: sdegna i farisei, i suoi stessi compagni, scandalizza se stesso quando cede alla tentazione. È l'alterità all'universo borghese. Nel *Francesco d'Assisi* della Cavani, invece, Pasolini individua

> la sua santità come nevrosi [deriva da un mondo non di rottura con l'esistente ma di mimesi con la realtà, N.d.A.], la sua protesta falsamente scandalosa di "capellone" del Duecento: tutto ciò lo familiarizza – col piacevole brivido dello scandalo – ai pubblici più conformisti [...] La Cavani [...] pare non avere il senso del sacro [ma era stata scelta appunto perché cattolica, N.d.A.] – che è totale e mitico [è fede, non religione, N.d.A.] – e ha un ritmo interiore che non è realistico: onde un film "sacro" non si può girare come i film di De Sica [...]. Perciò la Cavani non sente, forse, l'offesa della televisione: nulla di sacro è urtato in lei da tale macchina della volgarità e della meschinità.[91]
> [...] Insomma non è nemmeno pensabile che i dirigenti della televisione prendano in considerazione la possibilità di accettare un simile "sacro" con i suoi ritmi inconcepibili al piccolo-borghese. [...] La te-

---

[90] P.P. Pasolini, *Contro la televisione*, in *Saggi sulla politica e sulla società*, cit., p. 129.

[91] *Ivi*, pp. 129-130.

levisione emana da sé qualcosa di spaventoso. Qualcosa di peggio del terrore che doveva dare, in altri secoli, solo l'idea dei tribunali speciali dell'Inquisizione.[92]

Pasolini guarda a questo mezzo come se fosse terrorizzato dal cambiamento.

C'è, nel profondo della cosiddetta "Tv" qualcosa di simile appunto allo spirito dell'Inquisizione: una divisione netta, radicale, fatta con l'accetta, tra coloro che possono passare e coloro che non possono passare: può passare solo chi è imbecille, ipocrita, capace di dire frasi e parole che sono puro suono.[93]

La televisione distrugge definitivamente il messaggio utopico che il lettore di "Vie nuove" aveva lanciato rispetto al problema del cambiamento del linguaggio da parte del Pci, e diventa mezzo di rappresentazione della politica.

Io, da telespettatore [...] ho visto sfilare, in quel video dove essi erano ora, un'infinità di personaggi: la corte dei miracoli d'Italia – e si tratta di uomini politici di primo piano, di persone di importanza assolutamente primaria nell'industria e nella cultura; spesso persone di prim'ordine anche oggettivamente. Ebbene, la televisione faceva e fa, di tutti loro, dei buffoni.[94]

Pasolini contesta la televisione in quanto strumento linguistico che separa le persone dalla colloquialità. L'unificazione dall'alto si produce perché la televisione agisce in questo modo:

Riassume i loro discorsi facendoli passare per idioti [...], oppure, anziché esprimere le loro idee, legge i loro interminabili telegrammi: non riassunti, evidentemente, ma ugualmente idioti: idioti come *ogni* espressione ufficiale. Il video è una terribile gabbia che tiene prigioniera dell'Opinione Pubblica – *servilmente servita per ottenerne il totale servilismo* – l'intera classe dirigente italiana: la ciocca bianca di Moro, la gamba corta di Fanfani, il naso alto di Rumor, le ghiandole

---

92 *Ivi*, pp. 130-131.
93 *Ivi*, p. 131.
94 *Ivi*, p. 135

sebacee di Colombo, sono uno spettacolo rappresentativo, tendente a spogliare l'umanità di ogni umanità.[95]

In televisione si vede di tutto ma sempre secondo una modalità rassicurante, a differenza di ciò che succede al cinema o a teatro, dove alcune scene toccano profondamente gli spettatori. Pasolini anticipa una riflessione che oggi risulta di estrema attualità. I bambini non sembrano avere più rispetto della vita umana: ne sono un esempio i numerosi delitti a cui assistiamo in questi ultimi anni. Oggi molti psicologi sostengono che l'immagine televisiva della morte, mandata in onda magari prima di una pubblicità, la imponga, nell'immaginario collettivo, come un evento irrilevante. Nella società contadina, intorno alla morte c'erano il silenzio, il lutto, il pianto funebre. La televisione presenta la morte come il tassello di un mosaico che compone la serie infinita degli eventi del mondo. Essa segna, per Pasolini, l'irrimediabile perdita del sacro: è una rappresentazione della realtà spogliata di ogni elemento mitico, sacrale.

A proposito della televisione, Pasolini afferma:

Non credo sia possibile una sola definizione ma varie ipotesi. Basta però pensare una cosa: come viene presentato tutto, uomini, fatti, cose e idee? Tutto viene presentato come dentro un involucro protettore, col distacco e il tono didascalico con cui si discute di qualcosa già accaduta [...], che l'occhio del saggio – o chi per lui – contempla nella sua rassicurante oggettività, nel meccanismo che, quasi serenamente e senza difficoltà reali, l'ha prodotta. È insomma, sempre, una mente ordinatrice dall'alto, che presentando le informazioni, e riassumendo i messaggi, opera la selezione delle notizie.[96]

Aldo Moro rappresenta agli occhi di Pasolini il modello dell'uomo che parla una lingua tecnologica:

Quest'uomo politico è indubbiamente il più importante degli ultimi anni: non c'è dubbio che nella storia e non solo nella cronaca italiana egli con Nenni avrà il suo posto per aver messo l'Italia della sozza eredità fa-

95 *Ibidem.*
96 *Ivi*, pp. 135-136.

scista sulla strada del laburismo – che non è affatto poco – ed è forse una strada necessaria, a cui tutto il resto costituisce un'alternativa solo nominale. Ebbene, Moro ha potuto e può fare tutto questo *a patto di tacerlo*.[97]

La televisione, oltre a egemonizzare e unificare linguisticamente una società eterogenea che viene investita da uno sviluppo economico travolgente, è anche il mezzo attraverso il quale si attua la dispersione delle tensioni psichiche tra gli individui.

Il sociologo funzionalista americano Talcott Parsons ha studiato i meccanismi in virtù dei quali le società in rapida evoluzione riescono a non cedere alla disgregazione. I grandi problemi delle società non sono i conflitti, ma la cooperazione, la convivenza, la rimozione dell'angoscia, la canalizzazione della violenza. Per evitare la disgregazione sociale è necessaria la repressione degli istinti, ma soprattutto la sublimazione delle angosce e la canalizzazione della violenza. Il calcio, per esempio, nasce proprio con questo ruolo sociale: negli stadi si assiste spesso ad atti di violenza che aiutano a ridurre il grado di angoscia collettiva.

Un importante pensatore tedesco, Franz Neumann, nel famoso saggio *Angoscia e politica* (1934), afferma che la società ha bisogno di rimuovere il sentimento di paura nei confronti del cambiamento per abbassare il grado di angoscia collettiva. Nell'Italia in cui vive Pasolini, il cambiamento è bilanciato dall'aumento del reddito e dell'occupazione: la popolazione senza impiego diminuisce, anche se l'Italia non giungerà mai alla piena occupazione (caratteristica esclusiva del Nord del paese), come invece accade in Francia, in Germania e in Inghilterra.

L'importante è una cosa sola: che non trapeli nulla mai di men che rassicurante. La televisione, della vita pubblica, delle vicende politiche e della elaborazione delle idee, deve – e sente rigidamente tale dovere – operare secondo una selettività di scelta e una serie di norme linguistiche, che assicuri innanzi tutto che "tutto va bene", ed è fatto per il bene.[98]

---

97 *Ivi*, p. 136.
98 *Ivi*, p. 137.

Tutta la realtà è rappresentata in maniera uniforme: lo spettacolo, la morte, il successo.

Il bene non deve avere difficoltà: ed ecco che infatti il mondo presentato dalla televisione è senza difficoltà: se difficoltà ci sono state, sono state sempre provvidenzialmente" appianate": se disgraziatamente l'appianamento non è ancora avvenuto (ma avverrà) provvede a dare questo perduto senso di pianezza la lingua informativa orale-scritta dello *speaker*. L'ideale piccolo-borghese di vita tranquilla e perbene (le famiglie giuste *non devono avere disgrazie*: ciò è disonorevole davanti agli altri) si proietta come una specie di Furia implacabile in tutti i programmi televisivi e in ogni piega di essi. Tutto ciò esclude i telespettatori da ogni partecipazione politica – come al tempo fascista: c'è chi pensa per loro, e si tratta di uomini senza macchia, senza paura, e senza difficoltà neanche casuali o corporee. Da tutto ciò nasce un clima di Terrore. Lo vedo chiaramente il terrore negli occhi degli annunciatori e degli intervistati ufficiali: non va pronunciata una parola di scandalo – e poiché è scandalo anche un mal di pancia – se esso potenzialmente mette in discussione la sicurezza della spiritualità statale, ne rivela la possibilità di un minore ottimismo – praticamente non può essere pronunciata alcuna parola in qualche modo vera.[99]

Al fondo delle considerazioni di Pasolini sulla televisione, vi è il timore che il sottoproletariato romano e napoletano si trasformi in piccolo-borghese.

Mettendo al centro della propria analisi la televisione, Pasolini intuisce che non è possibile descrivere il cambiamento economico-sociale senza portare anche un contributo alla comprensione delle relazioni comunicative. In campo scientifico, è stata addirittura elaborata una teoria economica dell'informazione, o meglio una teoria che spiega lo sviluppo economico con il grado più o meno intenso di diffusione dell'informazione. Tutte le ricerche sugli scambi di mercato meno imperfetti, più trasparenti, tali per cui possa garantirsi una maggior quota di investimenti, discendono dall'assunto che maggiori sono le informazioni a di-

99 *Ibidem.*

sposizione dei soggetti, minore è il grado di attrito dei mercati; in questo modo, la crescita sarebbe assicurata. Secondo queste tesi, quindi, non si può studiare lo sviluppo della crescita economico-sociale se non si studiano anche i modi di diffusione dell'informazione. E non solo dell'informazione economica, ma anche di quella sociale, dato che essa aumenta il grado di consapevolezza degli attori economici.

Pur non essendo un sociologo, già negli anni Sessanta Pasolini elabora alcune intuizioni fondamentali sullo sviluppo della televisione: l'arte è anche intuizione scientifica, una scintilla non solo di bellezza, ma anche di razionalità. Se riviste come "Esprit", "Communication" e "Tel Quel", alle quali collabora anche Roland Barthes, raccolgono saggi di vari esperti che si occupano di televisione, negli anni Settanta non esistono però ancora teorie significative sull'argomento.

L'approccio di Pasolini alla televisione è una sorta di archetipo della sua visione dei processi di unificazione culturale e quindi, di converso, di lacerazione e frammentazione dei vecchi rapporti fondati dalle relazioni sociali precapitalistiche, da lui identificate principalmente nel rapporto tra lingua e dialetto.

Sullo sfondo dei mutamenti economici e sociali dell'Italia tra gli anni Cinquanta e gli anni Settanta, questo rapporto è fortemente presente, sul piano intellettuale, in quei pochi grandi poeti che l'Italia ha avuto nel secondo dopoguerra. Andrea Zanzotto, per esempio, uomo di poesia più che di penna (proviene dal Veneto, dove il dialetto ha radici molto forti e unifica classi alte e basse), è sismografo attento ai grandi mutamenti antropologici dettati dalla modernizzazione economica. Segue lo stesso percorso, negli anni Sessanta, un altro grandissimo poeta del Novecento, Sandro Penna, figura rilevante nella vita di Pasolini. Lo stesso faranno il veneto Goffredo Parise e altri poeti dialettali siciliani meno noti, soprattutto Lucio Piccolo, che dal Sud dell'Italia riflette su questo rapporto tra lingua e dialetto. Si tratta, non a caso, di poeti che si muovono tutti nella periferia del capitalismo, nelle sue sacche, dove il processo di contrasto e di conflitto tra arretratezza e modernizzazione trova il suo elemento di disincanto, e insieme di rivelazione, nella diluizione del dialetto nella lingua aulica dei dotti prima, e in quella tecnologico-televisiva poi. La riflessione pasoliniana, per quanto eccezionalmente densa, non è dunque unica, ma si inserisce in una temperie culturale poetica che è testimonianza della trasformazione in atto.

È interessante notare come si manifesta in Pasolini, e per la prima volta in Italia, l'approccio alla riflessione teorica sul mezzo televisivo. Ci riferiamo all'intervista apparsa su "Vie nuove" con il titolo *Neocapitalismo televisivo*, rilasciata nel 1958 ad Arturo Gismondi (oggi giornalista per le reti Fininvest). Chiede Gismondi:

> Come scrittore attento alla vita del popolo, in particolare alla vita degli strati più umili del popolo romano, i più indifesi, anche culturalmente parlando, ha notato particolari influenze della Tv nella vita, nella cultura delle persone con le quali è a contatto?[100]

Per inciso, non è detto che gli strati più umili siano anche i più indifesi, anzi: per Pasolini il sottoproletariato è maggiormente protetto perché gode di una propria autonomia culturale.

> Certamente – risponde Pasolini – ho notato il fenomeno a cui lei si riferisce. Quando io scrissi il primo romanzo, *Ragazzi di vita*, la televisione non era ancora entrata in funzione. Dirò di più: molte cose che oggi riempiono la vita dei giovani e dei poveri in generale non c'erano. Non c'erano i *flippers*, i calcio-balilla, i circoli giallo-rossi o bianco-azzurri che siano [strumenti di dispersione della violenza, cioè le società sportive, che svolgono anche una funzione di equilibrio, N.d.A.], il fumetto o il fotogramma sviluppati e affascinanti come sono oggi, non si era affermato, o almeno non nella misura attuale, quel certo cinema che i produttori destinano al pubblico dei poveri.[101]

---

[100] P.P. Pasolini, *Neocapitalismo televisivo*, in *Saggi sulla politica e sulla società*, cit., p. 1553.
[101] *Ibidem.*

Quando si parla di industria culturale, difficilmente si riflette sulle segmentazioni di mercato, che tuttavia erano già evidenti negli anni Cinquanta. Esistono fasce di mercato diverse per i ricchi, per la classe media e per i poveri. Oggi, per esempio, i film di Massimo Boldi e Christian De Sica sono visti dalla popolazione più povera, per lo meno da un punto di vista intellettuale e spirituale, ma spesso anche da quello materiale.

Il punto fondamentale individuato da Pasolini è che la modernizzazione segmenta l'offerta culturale: con l'aumentare della differenziazione sociale, l'industria culturale si diversifica. Ci sono prodotti specializzati per i vari settori del pubblico. I film di Alberto Sordi sono pensati per le classi medie, sono privi di valori umani e intellettuali, pur trattandosi di prodotti "presentabili" dal punto di vista cinematografico. Pasolini coglie un mutamento culturale straordinario: prima della diffusione del meccanismo capitalistico questa segmentazione non esisteva; prima della fine del secondo conflitto mondiale, in Italia, il cinema era uno solo. Era il cinema dei telefoni bianchi, in cui recitava Greta Garbo, e non esistevano altri film, più o meno intellettuali. Il cambiamento ha inizio con il realismo, anzi, già con il fascismo: *Ossessione*, il capolavoro di Visconti del 1943, è il primo film italiano a esprimere tale cambiamento.

Com'era l'esistenza dei protagonisti dei romanzi di Pasolini, non ancora segnati dall'avvento della televisione? Erano ragazzi veri, quelli di *Ragazzi di vita*, romanzo che sarà ricordato come un manuale etnografico: non esistono, infatti, altre testimonianze scientifiche sui ragazzi delle borgate romane. È un libro che ha dato voce a un popolo senza lingua, con le lingue tagliate, come avrebbe detto Canetti.

> L'esistenza dei *Ragazzi di vita* era, quindi, dal punto di vista dei divertimenti, squallida e vuota. Oggi invece, la società non offre al giovane lavoro, ma infiniti modi di dimenticare il presente e non pensare al futuro.[102]

[102] *Ivi*, pp. 1553-1554.

Lo strumento che distoglie dalla riflessione sul futuro è la televisione. Questo concetto suona oggi come un luogo comune: siamo già alla soglia della saturazione e ci stiamo avvicinando al fenomeno, tipicamente nordamericano, per cui vediamo talmente tanta televisione da non accorgerci nemmeno più dei suoi effetti. In televisione la pubblicità ha sempre meno spazio: per il convincimento all'acquisto si ricorre a messaggi subliminali o ad altri mezzi, perché la pubblicità irrita lo spettatore che, non appena la vede, cambia canale. All'epoca in cui scrive Pasolini, invece, il linguaggio è nuovo, il mezzo è appena apparso.

> La televisione è entrata nella vita e nel costume dei giovani. I miei personaggi sono quelli delle borgate romane, sono i sottoproletari che vivono ai margini della città. Dal tempo in cui scrivevo *Ragazzi di vita*, quando non esisteva la Tv, a oggi si possono notare in loro cambiamenti: un arricchimento del loro modo di parlare anzitutto, del gergo, anche, di parole ed espressioni auliche, o appartenenti comunque a un linguaggio conformistico, usate però, per di più, in funzione palesemente ironica.[103]

Pasolini è ottimista, ha ancora una visione roussoniana della resistenza dei sottoproletari.

> È questa una forma di primitiva difesa contro l'influenza ideologica della Tv, che gli ambienti meno conformisti tendono a respingere, sottoponendola già a una specie di trasformazione. In questo senso, certi strati della popolazione romana, quelli ai quali io mi interesso, più ricchi e forti, per così dire, di tradizioni culturali proprie, d'un proprio costume di vita, di una propria moralità resistono meglio alla funzione livellatrice della Tv e ne respingono d'istinto il palese conformismo.[104]

Si tratta di un punto degno di attenzione. Spesso si è pensato, in modo equivoco, che Pasolini interpreti l'emergere del

---

103 *Ivi*, p. 1554.
104 *Ibidem*.

linguaggio tecnologico-tecnocratico e uniformatore della televisione come un meccanismo di omogeneizzazione che si afferma senza resistenza. Egli coglie molto bene, invece, il fatto che qualsiasi strumento – e ciò è molto importante anche oggi, in seguito alla nascita di mezzi di comunicazione come internet o la posta elettronica e, in generale, dell'information technology – viene assunto proprio perché c'è una viva risposta da parte della società: l'uomo adegua a sé questi nuovi mezzi. Recentemente questo è diventato un tema di grande interesse per la scienza antropologica, che riflette sul modo in cui le persone, nella storia, hanno reagito alle trasformazioni tecnologiche cercando di piegarle ai propri mondi vitali, ossia alla visione del mondo data dalla tradizione, ai meccanismi di identità.

Secondo Pasolini, i sottoproletari respingono d'istinto il palese conformismo dettato dalla televisione.

> È curioso, invece, il fatto che il cinema mostri una capacità di penetrazione diversa, più notevole.[105]

A suo giudizio il cinema, che in quegli anni diventa una forma di divertimento di massa, penetra maggiormente nel sottoproletariato romano.

> Tale capacità di penetrazione è spiegabile con le caratteristiche peculiari del linguaggio cinematografico, che grazie anche alla finzione della vicenda, si insinua meglio nell'animo della gente che non la Tv, più fredda, artificiosa, distaccata e ufficiale.[106]

Laddove la televisione, che parla per sineddoche, sostituisce la realtà, proponendone una sintesi, il cinema agisce per metafore: per sua stessa natura deve inventarsi una storia, quindi incontra maggiormente l'immaginario collettivo, mitologico, delle persone, soprattutto nella cultura contadina degli anni Cinquanta.

---

105 *Ibidem.*
106 *Ibidem.*

Pasolini, che ha una passione per il crimine (cosa che lo por-
terà alla morte, vittima di uno o più malviventi romani), dice
cinicamente:

> Nel paganesimo sostanziale della malavita romana [...] tende a infil-
> trarsi una sorta di crudeltà moralistica di stampo protestante derivata
> soprattutto dai film americani.[107]

Pasolini è innanzitutto profondamente cattolico, e qualsiasi
cultura annichilisca l'uomo rispetto alle sue ultime responsabilità, e lo lasci senza perdono davanti a Dio, è per lui una cultura
crudele. Il moralismo spietato, caratteristico del protestantesimo, è chiaramente visibile nei film americani, che devono sempre concludersi con una morale. La protagonista della *Donna
che visse due volte* di Hitchcock muore due volte perché non si
comporta bene. È un moralismo pari a quello delle favole dei fratelli Grimm, di una crudeltà spaventosa, che esprimono appieno
il mondo della cultura protestante in cui non c'è perdono, non
c'è possibilità di appello.

Pasolini vede nel cattolicesimo una dolce religione del perdono, dell'amore e della grazia. Quello che gli interessa innanzitutto è il paganesimo sostanziale, che salva il proletariato perché
condivide i valori della malavita anche rispetto alla religione e
alla televisione. All'interno delle borgate romane sono storicamente presenti altri dèi: per questo non si abbracciano né la religione cattolica né la nuova fede televisiva. Pasolini ritiene che la
televisione, grazie al substrato pagano di cultura antropologica
diffusa, non eserciti un peso rilevante sull'universo simbolico
del proletariato e del sottoproletariato, come invece riesce a fare
il cinema.

> E per gli altri strati della popolazione, valgono le stesse considerazio-
> ni? – chiede ancora il giornalista –. No, credo che occorra fare alcu-
> ne distinzioni. Il tipo di persone, cui mi riferivo, è molto particolare,

---

[107] *Ibidem.*

sono i personaggi dei miei libri. Ma l'influenza della Tv è visibile in ben altro modo, per esempio, nei piccolo-borghesi e nella gente d'ordine.[108]

La piccola borghesia, che Pasolini vede come un'eredità del fascismo, con i suoi miti dell'ordine, della patria, del posto fisso, dello Stato o delle grandi aziende (Fiat, Montecatini, Edison) e del conto in banca, si costituisce in modo del tutto nuovo dopo gli anni Cinquanta. «Qui il conformismo televisivo trova un terreno propizio, e incide quindi, in misura maggiore», perché questo linguaggio tecnologico e artificiale è ideale per un mondo che non possiede culture alternative.

Per questi strati sociali, la Tv rappresenta un grande fatto di cultura, naturalmente di quella cultura che la classe egemone fornisce. Mi sembra ridicola e sproporzionata l'indignazione di quegli intellettuali che, pur appartenendo alla classe egemone, rigettano con sprezzo tanta parte della produzione televisiva, la più popolare. In realtà la Tv, lungi dal diffondere (come essi sostengono) nozioni staccate e prive di una visione unitaria della vita e del mondo, è un potente mezzo di diffusione ideologica e proprio dell'ideologia consacrata dalla classe egemone. No, l'indignazione di costoro mi pare ingiusta. Mi sembra, al contrario, che il livello medio della cultura piccolo-borghese conformista possa essere notevolmente accresciuto e migliorato dalla televisione.[109]

La televisione, che offre una cultura di sapere medio, d'informazione, ha trasmesso un *ethos*, un codice civico, a una classe che non lo aveva mai avuto, la piccola borghesia, che da un lato recepiva la cultura delle classi dominanti e, dall'altro, conservava la cultura delle classi basse. La Tv di Bernabei era stata costruita con un intento pedagogico, a differenza della Tv odierna, che è altamente diseducativa. Si trasmettevano per esempio le opere teatrali, anche se certo non Pirandello, Beckett o Ibsen: a

---

108 *Ibidem.*
109 *Ibidem.*

essere proposta era quella cultura che non disturbava l'ordine e che anzi lo creava. La televisione ha avuto questa funzione fondamentale all'epoca della forte crescita industriale dell'Italia. I miti proposti dovevano essere quelli vittoriani, volti a impedire, per esempio, il disordine sessuale, che le classi dirigenti hanno sempre combattuto. Si è capito che il capitalismo era profondamente cambiato quando lo si è visto ammettere, come oggi, il disordine sessuale, e anzi incoraggiarlo, perché rappresenta un nuovo mercato. Nella società industriale della produzione di massa taylorista o fordista l'obiettivo principale era il disciplinamento delle masse, da cui discendeva l'oppressione sessuale. L'indubbio innalzamento della cultura cui si assisteva, non doveva però diffondere dilemmi sull'esistente.

A un'altra domanda del giornalista, «Non crede che una simile funzione la Tv la eserciti anche presso gli strati poveri della popolazione?»,[110] Pasolini risponde introducendo un nuovo tema, il problema della fruizione culturale in Italia negli anni Sessanta.

> La Tv, a mio parere, mettendo assieme spettacoli di un certo valore artistico e culturale (la prosa) e altri di assai minor livello, mettendo cioè la parte più povera, culturalmente parlando, a contatto con diversi livelli, per così dire, di cultura, non solo non concorre ad elevare il livello culturale degli strati inferiori, ma determina in loro un senso d'inferiorità, quasi angosciosa. I poveri, cioè, vengono indotti continuamente ad una scelta, che cade, per forza di cose, a vantaggio degli spettacoli improntati a livello inferiore. In questo senso, se mi si consente, la Tv s'inserisce nel fenomeno generale del neocapitalismo. In quanto essa tende ad elevare un po' il grado di conoscenza in coloro che sono a un livello superiore, ma a precipitare ancora più in basso chi si trova ad un livello inferiore.[111]

Questa visione, una sorta di metafora del pauperismo assoluto di Marx, è ancora attuale, nonostante viviamo in un mon-

---

[110] *Ibidem.*
[111] *Ibidem.*

do post-materialistico, in cui la povertà, soprattutto nel Nord dell'Italia, non esiste più. (Oggi soffriamo casomai di una povertà psicologica, che può indurre le persone addirittura a rifiutare il lavoro.) La televisione, secondo Pasolini, rinserra le diverse classi sociali in universi culturali chiusi. Mentre è opinione comune che la televisione unifichi, Pasolini vede un fenomeno più complesso che verrà compiutamente analizzato solo in anni recenti: la televisione unifica solo a livello linguistico. Certo, diffonde una lingua tecnologica uguale per tutti, ma dal punto di vista simbolico e antropologico crea ghetti. E in questo giudizio Pasolini anticipa una grande questione del futuro, ossia l'impoverimento culturale delle classi subalterne.

2.5 Pasolini, il Sessantotto e la scuola di Francoforte

Pasolini, da sempre attaccato per le sue critiche "reazionarie", esprime alcune posizioni sulla televisione che possono ritrovarsi anche in Marcuse e nella scuola di Francoforte, di cui condivide lo stesso pensiero negativo. Il collegamento è evidente in una sua nota del 1968, epoca in cui hanno inizio le prime agitazioni del movimento studentesco, apparsa su "Nuovi Argomenti", rivista diretta, di fatto, da Moravia ed Enzo Siciliano. Il titolo, fortemente provocatorio, è *Anche Marcuse adulatore?*

Il pensiero di Marcuse muove dall'assunto che l'inveramento di un mondo fondato sulla razionalità della tecnica, volta alla valorizzazione del capitalismo, sia un mondo sostanzialmente senza speranza per i valori umanistici. Non c'è però, in Marcuse, la visione heideggeriana di rifiuto e di rifugio nella cultura classica greca. L'atteggiamento critico di Heidegger è di tipo fenomenologico. Il mondo costituisce soprattutto una conoscenza personale, iper-soggettiva, relazionale: l'avvento della tecnica spezza questa relazionalità e il saggio, che pensa non già all'essere ma all'ente, deve rifiutarsi di partecipare intellettualmente al mondo, essendo invece tenuto a occuparsi delle ragioni ultime del sapere, che non risiedono nella razionalità occidentale ma sono le fonti del pensiero greco.

La scuola di Francoforte compie un percorso inverso: proprio perché si è arrivati a un mondo in cui l'inveramento tecnico è tale da non lasciare più spazio per una libertà positiva, per l'azione attraverso la libera scelta, l'uomo è condizionato in tutte le sue azioni non solo dal processo di valorizzazione capitalistica attraverso la tecnica, ma anche attraverso una nuova valorizzazione capitalistica che si esprime nell'industria culturale, l'industria dell'informazione. L'autonomia della cultura non esiste più, e si disperdono anche le grandi tradizioni della ragione. Non a caso, nel libro più importante di Horkheimer e Adorno, *Dialettica dell'Illuminismo* (1947), l'Illuminismo nel mondo capitalistico avanzato non è che una ragione strumentale, una razionalità che invera non l'idea di una ragione distributiva che realizza la giustizia, ma la ragione del dominio. Dietro ad Auschwitz e al genocidio del popolo ebraico c'è l'Illuminismo, ma soprattutto c'è una perfetta macchina di sfruttamento capitalistico, di distruzione dell'uomo, che imita la razionalità perfetta del congegno industriale. Paradossalmente l'Illuminismo, che incarna la ragione liberatrice dell'uomo, diventa, nelle mani del capitalismo più avanzato, una tecnica strumentale che annichilisce l'individuo. Per Adorno la soluzione sono la testimonianza e il silenzio intellettuale, l'assunzione di hegeliana memoria della coscienza infelice del mondo.

Marcuse si distacca da questa visione. Fino all'avvento della grande ribellione degli studenti nel Sessantotto, egli condivide la posizione di "coscienza infelice": il compito del filosofo è quello di esaminare l'esistente. Se ne allontana, però, vedendo nei movimenti studenteschi la possibilità di rovesciare la coscienza della non-speranza del neocapitalismo. Marcuse identifica gli studenti con gli eroi del proprio tempo: essi incarnano l'emergere di una coscienza collettiva, di una soggettività che infrange la razionalità strumentale, la ragione autoritaria. Qualche anno prima, Marcuse scrive *L'uomo a una dimensione* (1964), una critica all'uomo che nasce dal neocapitalismo della ragione strumentale, che distrugge la personalità, la soggettività, la possibilità di esercitare *l'epochè*, la presa di distanza dalle cose, il distacco dal mondo, per non essere governato dalla materialità. Nel 1968 insorge, imprevisto, il movimento degli studenti. Pasolini si schiera contro.

> So da un'intervista del "Paese sera" che Marcuse avrebbe definito i giovani studenti "i veri eroi del nostro tempo" [...]. Dunque anche Marcuse è un adulatore? Egli probabilmente aveva voluto dire "protagonisti", che sono eroi in accezione sospesa. Io però direi piuttosto "antagonisti", poiché i veri protagonisti sono, ancora, i vecchi e i giovani che stanno dalla parte dei vecchi (ossia protagonista è la maggioranza). [...] Mi sembra tuttavia assolutamente necessario anche distinguere il problema dei giovani in Paesi di cultura *anche* marxista, e il problema dei giovani in Paesi privi di cultura marxista.[112]

Che cosa fanno, secondo Pasolini, gli studenti che Marcuse identifica come eroi?

> Gli studenti francesi e italiani, mettendo in crisi la cultura marxista tradizionale (a ragione), anziché ricostruirla, progredendo, in sostanza la rifiutano, regredendo. Regredendo su quali posizioni? Su posizioni risorgimentali. L'analogia tra i moti costituzionali del 1848 e i moti riformistici del 1968 è impressionante. E questo cosa significa? Significa che la borghesia si schiera nelle barricate contro se stessa, che i "figli di papà" si rivoltano contro i "papà", continuando una tradizione in cui la vera protagonista della storia è la borghesia [...]. Una miriade di pragmatici ed energici McLuhan,[113] che, in sostanza mettono in crisi il loro mondo borghese per reificarlo.[114]

---

[112] P.P. Pasolini, *Anche Marcuse adulatore?*, in *Saggi sulla politica e sulla società*, cit., p. 156.

[113] Il teorico della nuova comunicazione di massa McLuhan inventa il termine "media" per definire gli strumenti che mediano conoscenza e informazione rivolte alle masse e che vengono diffusi attraverso i sistemi di codici, di icone, di strutturazione tipici della televisione. [N.d.A.]

[114] *Ivi*, p. 157.

Attraverso la comunicazione corporea nascono forme di devianza, che concretizzano la rottura con il vecchio mondo simbolico. Per mezzo della mobilitazione collettiva gli studenti occupano le università, bruciano i libri, picchiano gli avversari politici, creando un cocktail esplosivo di cultura marxista (sono contro la guerra del Vietnam) e di questa nuova cultura violenta.

Il mondo borghese non viene cambiato, bensì reificato attraverso i comportamenti degli studenti: in questo modo, si conserva.

> Aggiungo che la loro indifferenza per la Resistenza dimostra che la Resistenza non è stata (come erroneamente si crede) un ultimo episodio del Risorgimento: vi hanno infatti partecipato gli operai e i contadini. Essa è stata quindi, sia pure parzialmente e confusamente, rivoluzionaria. Ora, la meta degli studenti non è più la Rivoluzione, bensì la Guerra Civile. Ma ripeto, la Guerra Civile è una guerra santa che la borghesia combatte contro se stessa, perché, come dice il vecchio Lukacs, essa "non può esistere senza rivoluzionare completamente gli strumenti di produzione, i rapporti di produzione, dunque tutti i rapporti sociali".[115]

Gli studenti criticano la Resistenza perché non ha portato alla rivoluzione socialista, e in questo modo si schierano contro la sinistra. E tuttavia la Resistenza non si fondava sull'intento di far sorgere una rivoluzione, e ciò per il concreto pericolo di aprire le porte a una guerra civile nel paese.

Questo saggio rivela tre distinte posizioni di Pasolini. La prima è la straordinaria capacità di porsi controcorrente rispetto a un'opinione pubblica fortemente favorevole alla rivoluzione sessantottina. La seconda è l'intuizione che la borghesia stia cambiando. La rivoluzione antropologica non colpisce solo il sottoproletariato, ma la stessa classe dirigente: la trasformazione sociale mette i figli contro i padri (nel caso in cui i padri non

---

[115] *Ibidem.*

appoggino i figli), spingendoli a "negarli" non sul piano delle relazioni produttive, ma su quello della cultura e dei modelli culturali. Cambiano gli stili di vita, l'abbigliamento, la deferenza. Per mezzo della battaglia culturale, gli studenti non riconoscono più l'autorità della scienza. Il ricorso alla violenza nei rapporti sociali, aborrito dalla borghesia, è una novità storica e inizia a diventare, in questo periodo, un momento di costruzione di relazioni sociali che Pasolini teme manifestamente. In questo mutamento il poeta – e da qui l'ultima sua posizione – scopre anche un tradimento degli intellettuali, che non si oppongono all'insurrezione. A quest'epoca Pasolini sta scrivendo *Trasumanar e organizzar*, una raccolta di poesie che sarà pubblicata all'inizio degli anni Settanta, in cui figura il famoso poema sugli scontri avvenuti a Valle Giulia, sede della Galleria d'arte moderna di Roma, tra polizia e studenti dell'istituto di Belle arti. Pasolini si schiera dalla parte dei poliziotti che reprimono la rivolta studentesca, in quanto le forze dell'ordine sono costituite dalle nuove generazioni meridionali arruolatesi per disperazione. Il fattore di scandalo racchiuso dalla poesia di Pasolini è il fatto di aver riconosciuto, per primo, che ci potesse essere un'umanità sofferente anche dalla parte di chi, su un piano ideologico, poteva essere identificato come uno strumento di oppressione.

Attraverso la sua poesia, Pasolini vede gli avvenimenti con maggiore e più ampio respiro storico, intuendo che quello degli studenti è un movimento della borghesia, della piccola borghesia declassata che vuole rapidamente accrescere la propria posizione sociale, eliminando, per esempio, le barriere selettive nell'accesso all'università e abbassandone così il livello. Il poeta coglie in questi anni il fatto che la rivoluzione include un cambiamento linguistico multiforme nei rapporti fra intellettuali e popolo, non più assicurati dalla letteratura e dalla scuola ma dalla televisione, dalla tecnologia dell'informazione.

La trasformazione interessa tutte le classi sociali, non solo quelle estranee all'accumulazione capitalistica. Rispetto alla repressione sessuale, egli deduce che il periodo vittoriano di addomesticamento delle masse è finito e che avanza un nuovo capitalismo a cui non serve la repressione sessuale di massa ma, al contrario, un maggior grado di libertà sessuale. Con il referendum sul divorzio nel 1974 cadono le ultime barriere della morale piccolo-borghese. Il moto degli studenti contro la selezione scolastica o contro la guerra in Vietnam si accompagna a una forte richiesta di amore libero. E in corso una trasformazione fondamentale che muta anche il rapporto tra gli individui e la storia, tra gli uomini e la propria tradizione. I meccanismi della rappresentazione simbolica, che organizzano il rapporto dell'individuo con il mondo e con la storia attraverso la percezione di sé, si trasformano. Se oggi assistiamo a una crisi di identità, del resto, è proprio perché la nostra cultura ha abolito la storia.

2.6 La devianza sociale e i teddy boys

Alla fine degli anni Cinquanta, Pasolini si accosta alla discussione e alla critica sul cambiamento antropologico dei comportamenti giovanili. Significativo è un saggio del 1959, *La colpa non è dei "teddy boys"*.

Egli partecipa al primo convegno organizzato in Italia – uno dei primi anche in Europa – su queste forme di malessere giovanile. Negli anni Sessanta alcuni studiosi iniziano infatti a interessarsi in modo specifico di devianza sociale. I *teddy boys* si inscrivono in questo gruppo di fenomeni, che potremmo definire come la manifestazione in forma "regolare" della deviazione da un comportamento normale: per esempio, il fatto di andare in giro nudi per la città motivando però la propria scelta, argomentandola. Parsons chiama queste forme di comportamento "devianze sociali senza pericolosità": per quanto illegali, esse non costituiscono un pericolo per l'ordine sociale, ma possono al limite offendere il senso del pudore. Rubare, al contrario, è un comportamento deviante che viola le regole della convivenza civile e della forza della legge dello Stato.[116]

Adorno, e con lui tutta la scuola di Francoforte, ha acutamente osservato che le società hanno ristretto e a volte eliminato la categoria di "devianza sociale", applicandola a un numero sempre inferiore di comportamenti. Alcune forme di devianza si sono concretizzate nella moda, nell'abbigliamento, in funzione di una necessità di consumo capitalistico: l'esistenza di un'industria della moda che ha l'esigenza di vendere crea una segmentazione del mercato, cambiando continuamente l'offerta dei suoi prodotti. Negli anni Ottanta i tessuti trasparenti o aderenti non sarebbero mai sfilati in passerella perché erano una forma di trasgressione, che la società ha via via assimilato trasformandole in forme di consumo anestetizzate. Il meccanismo di accumulazione capitalistica produce nuove culture per assorbire manifestazioni di devianza sociale di tipo non criminale. A metà dell'Ottocento i Pooh sarebbero stati arrestati; oggi, nessuno ne vedrebbe il motivo. La devianza sociale, dunque, non è un fenomeno astorico, bensì insegue la mutazione delle culture.

Commentando questo primo convegno in Italia sui *teddy boys*, Pasolini fa alcune osservazioni coerenti con l'insieme della sua riflessione, individuando fin da subito questo elemento di storicità nella devianza sociale.

La prima distinzione che io farei è tra Italia settentrionale e Italia meridionale. Nel Nord ci sono i *teddy boys,* nel Sud non ci sono. [...] Se per *teddy boy* si intende una particolare, circostanziata, variante del ragazzo traviato, un fenomeno irripetibile e tipico di una società, o di una sezione della società, allora è certo che non si possono non implicare circostanze di tempo e di luogo. Il ragazzo traviato con caratteristiche tipiche e moderne ha il suo modello a Londra, a New York, nei

---

[116] C'è poi una serie infinita di casi di devianza sociale che stanno al limite tra comportamenti normali e delinquenti. I tifosi di una partita di calcio, per esempio, che pur senza commettere atti di violenza urlano tutta la notte, operano atti devianti.

paesi scandinavi: ossia in società puritane e ad alto livello civile. Già il *teddy boy* francese è una variante meno perfetta (se vogliamo guardare le cose con distacco scientifico): in quanto appartiene ad una società ad alto livello sì, ma cattolica. Ci sono quindi nei *blousons noir* elementi clerico-fascisti, che, dal punto di vista filologico, rendono meno perfetto l'esemplare.[117]

La distinzione tra Italia settentrionale e meridionale continua a incidere sul pensiero di Pasolini come un leitmotiv. Al Nord ci sono i *teddy boys* perché essi rappresentano una realtà delle società capitalisticamente avanzate, che si sviluppano nei paesi anglosassoni e scandinavi. Come ricorda Leopardi nello *Zibaldone* – forse la più importante opera filosofica ottocentesca di ragion pratica in senso kantiano –, la civiltà si sviluppa da Sud a Nord. Gli elementi clerico-fascisti presenti nei *teddy boys* francesi sono, secondo Pasolini, «il risultato della società neocapitalistica irrigidita moralisticamente nelle sue sovrastrutture».[118]

Queste forme di devianza sociale manifestano un'assenza di sincronia tra sviluppo economico ed elaborazione dei modelli di comportamento sociale. Il neocapitalismo è lo sviluppo ininterrotto della mercificazione, dove tutto diventa merce, anche la cultura: un processo che genera, nel tempo, una società fondata sui consumi di massa.

Pasolini giudica che le società affluenti, ossia quelle a pieno impiego come la Scandinavia, la Germania, gli Stati Uniti, e soprattutto quelle puritane, abbiano strutture moralistiche troppo rigide, che frenano il consumo anche quando esso non produce effetti distorcenti nella psiche dell'uomo. La corruzione è meno diffusa nelle società protestanti luterane, anglicane o metodiste indubbiamente per via della repressione degli istinti. Queste società si fondano su una teodicea, una filosofia della

---

[117] P.P. Pasolini, *La colpa non è dei "teddy boys"*, in *Saggi sulla politica e sulla società*, cit., p. 94.

[118] *Ibidem*.

salvezza che non prevede mediazioni tra uomo e Dio, tanto potente da irrigidire il comportamento, esercitando così una funzione repressiva estremamente forte. L'uomo è ogni giorno al cospetto di Dio, senza la mediazione della confessione, che offre un grandioso lenimento psichico. Il pastore è un uomo come tutti gli altri. Non esiste quindi l'istituzione del perdono, ma soltanto la grazia. A portare alla salvezza non è il pentimento che segue all'errore: la salvezza è fondata sulle opere, sul comportamento quotidiano.

Un mio carissimo amico, un gesuita, svolgeva la sua missione sulle Ande, fra gli indios, un popolo molto civile ma segnato dagli storici problemi della coca e dell'alcol. Le chiese hanno sempre dovuto combattere l'alcolismo. Questo amico mi parlava di un pastore luterano che, durante il sermone domenicale, infondeva un senso di angoscia tra la popolazione prospettando un Dio fulminatore, che li avrebbe castigati se si fossero azzardati a bere. Gli indios erano terrorizzati: non bevevano mai, tranne la domenica, per contrasto. E si ubriacavano. Il padre gesuita, invece, da buon cattolico, diceva loro che bere fa male, ma che bere un po' tutti i giorni è permesso. E, antropomorfizzando la figura divina, predicava che anche il Cristo beveva, ma senza ubriacarsi. Gli indios quindi lo ascoltavano, e non si ubriacavano mai.

Una religione, o una cultura che spinge l'uomo a una continua repressione degli istinti eleva certamente il grado di civiltà, ma opera un livello di costrizione spietato. Nella rivista dell'associazione scandinava di sociologia, la migliore al mondo, si afferma spesso che i paesi scandinavi, puritani, hanno il più alto tasso di suicidi, di alcolismo e di divorzio. Nello stesso tempo, sono anche quelli a più basso grado di corruzione, di comportamenti illegali. Il mondo è molto complesso, sarebbe bene avere bassi tassi di corruzione con alti livelli di qualità della vita interiore. Oggi non è più possibile misurare la qualità della vita con il solo parametro del reddito, sarebbe necessario inserire un indicatore di benessere psichico. Non si tratta di un problema di interesse meramente psicologico o sociologico, ma di una questione che ha risvolti anche sull'economia. L'Istat si occupa anche di statistiche sulle malattie mentali, che servono come indicatore dei cambiamenti che sta attraversando l'Italia.

Nell'articolo sopra citato Pasolini sostiene che le società più civilizzate, ma caratterizzate da religioni incentrate sulla responsabilità personale, possono dare vita a fenomeni di devianza sociale maggiormente laceranti, perché la rivolta avviene contro l'insieme dei fenomeni che reprimono gli istinti. Questo concetto è stato ben spiegato da Freud nel *Disagio della civiltà*, in cui afferma che qualsiasi forma di vita sociale implica costrizione, e che se questa viene interiorizzata, si converte in liberazione.

In parole povere: il *teddy boy* è il prodotto della società neocapitalistica irrigidita moralisticamente nelle sue sovrastrutture. L'Italia del Nord – specie Milano – appartiene a questa area neocapitalistica: è naturale, quindi, che vi si verifichino fenomeni simili rispetto a società analoghe: come quello dei *teddy boys*. La relativa perfezione dell'organizzazione sociale, l'equilibrio del ciclo produzione-consumo, l'alto reddito medio ecc. fanno di Milano e delle altre città industriali del Nord delle città poco italiane, nel senso tradizionale della parola, e quindi poco cattoliche: o, perlomeno, di un cattolicesimo colorato leggermente di protestantesimo, puritano [...]. Il ragazzo tutto questo lo avverte, e l'oppressione di tale società su di lui, causa in lui le nevrosi che lo portano a una falsa rivendicazione della propria personalità: il narcisismo, l'esibizionismo, la protesta anarchica [come se fosse una protesta prepolitica, N.d.A.] Nel Sud [...] la società è una vecchia società agraria e cattolica: il che significa, nel nostro caso, una società assolutamente irreligiosa, assolutamente sorda alla morale cristiana. [...] La coazione che la società compie sull'individuo, fino a deformarlo e renderlo aberrante e malato, non è una coazione moralistica dunque, diciamo di tipo interclassista [...], ma di tipo ancora rigidamente classista: la classe dominante che urge sulla dominata, ancora con rabbia feudale, causando fenomeni di miseria così spaventosa da essere poi essa stessa causa di traumi psichici.[119]

---

[119] *Ivi*, pp. 94-95.

Viene ulteriormente ripreso il concetto della divisione tra Nord e Sud. Il Meridione resta un mondo ancora cattolico, rispetto al Nord divenuto puritano e protestante. Qui, secondo Pasolini, il lavoro produttivo si accompagna a un più forte senso della responsabilità. Il Sud è invece descritto come agrario, cattolico, assolutamente irreligioso, sordo alla morale cristiana, dove l'onore è un bene circolare, che connota gli appartenenti alla consanguineità e che informa la morale dominante, quella precristiana, pagana. Pasolini sostiene che in questo mondo, dove non si è verificata la repressione neocapitalistica e tutto è rimasto invariato da secoli, non ci sia spazio per i *teddy boys*, che sono il frutto della repressione comportamentale alla nascita della società industriale, una repressione che produce ribellione.

> Nei teppisti meridionali non c'è un'inconscia protesta moralistica, ma una inconscia protesta sociale: essi non appartengono, di fatto o d'elezione, alla classe borghese o alla sua area ideologica, ma appartengono al popolo o al sottoproletariato, sempre più vasto e insondabile; essi non commettono reati gratuiti, ma reati ben giustificati dalla necessità economica e dalla diseducazione ambientale.[120]

La devianza sociale di tipo criminale deriva da un malessere anzitutto sociale, non culturale.

Pasolini esamina il distacco crescente tra Settentrione e Meridione:

> Come spinti da una fatale forza centrifuga i due mondi si distaccano sempre più. Le retoriche e eternamente formalistiche esigenze unitarie cadono sempre più nel vuoto: abbiamo visto la recente misera fine dei "trapianti" industriali del Nord al Sud.[121]

Da intellettuale, aveva intuito l'erroneità di queste politiche già alla fine degli anni Cinquanta, mentre il resto d'Italia sarebbe giunto a queste stesse conclusioni solo venticinque anni più

---

[120] *Ivi*, p. 96.
[121] *Ibidem.*

tardi. Le cattedrali nel deserto non sono riuscite a creare sviluppo; al contrario, hanno distrutto le vecchie modalità di sviluppo preesistente. Esse non hanno creato civilizzazione, ma si sono limitate a offrire un relativo aumento di reddito, non certo il miglioramento stabile delle condizioni di vita, che forse avrebbe potuto essere perseguito con uno sviluppo dal basso, più consono alle condizioni naturali di quelle terre.

Tutto ciò è particolarmente evidente nella comunicazione linguistica. Al Sud la lingua italiana non esiste: dal dialetto si passa alla lingua letteraria «carica di latinismi e di stilizzazioni umanistiche liceali».[122] Nel 1964 Feltrinelli pubblica un libro destinato a un grande successo, *Le italiane si confessano*, curato da Gabriella Parca. Strutturato secondo il metodo dell'intervista, esso fa emergere, per la prima volta, non solo il mondo della donna borghese, ma la condizione femminile in generale, dando voce a tutte le classi sociali. Pasolini vede in questo libro la prova dell'avanzamento dell'unificazione linguistica.

> Che cosa se ne deve dedurre? Questo livellamento linguistico è il primo, clamoroso prodotto della "cultura di massa", da cui, i più deboli, e quindi, in prima fila, le giovani donne, si sono lasciati fatalmente plasmare?[123]

Da Nord a Sud le donne passano, anche con una certa rapidità, dal dialetto al linguaggio letterario. La provenienza delle donne dalle diverse regioni può essere identificata non già dalla lingua, ma dai contenuti delle interviste: l'uniformità del mezzo espressivo non riesce ad annullarne la riconoscibilità. La lingua si è modernizzata, ma questo cambiamento non viene dal profondo, non intacca il mondo simbolico che prima si esprimeva con il dialetto: è un cambiamento artificiale, che non consente più al mondo simbolico di emergere. Che cosa lo lascia intravedere?

---

[122] *Ivi*, p. 97.

[123] P.P. Pasolini, "Prefazione", *Le italiane si confessano*, in *Saggi sulla politica e sulla società*, cit., p. 100.

In queste donne, il problema si pone come, per così dire, dimidiato. Uno dei due termini – quello sessuale – resta quasi completamente tacitato, rimosso, fossilizzato. [...] La sua fenomenologia, essa sì, è indistinguibile da una ragazza del Nord e una del Sud, da una ragazza all'altra: è sempre terribilmente uguale, amorfa, inarticolata.[124]

Questa nuova lingua forgiata dal neocapitalismo non consente quindi di esprimere i sentimenti profondi. La questione sessuale non affiora mai, rimane inespressa, e ciò non per pudore, ma perché mancano gli strumenti cognitivi principali, che questa nuova lingua non fornisce. Parlare è un fatto eminentemente simbolico; utilizzare alcuni termini piuttosto che altri rivela non tanto la conoscenza di un determinato lessico, quanto una scelta in prima istanza culturale.

Subito, su questa situazione, diciamo, sessuale [...] viene a sovrapporsi l'altra situazione: quella sociale: il fidanzamento, il matrimonio, la problematica sentimentale e morale, il rapporto con i genitori ecc. ecc. E questo secondo termine del problema appare enormemente più circostanziato e approfondito, rispetto al primo: che quasi non esiste. Ne nasce una sproporzione che rende ossessivo, quasi inumano lo stato della donna. Mi pare che queste lettere, pur con la loro deliziosa allegria, vivacità, tenerezza, birichineria, malinconia, paura, non facciano altro che confermare questo vecchio stato di alienazione della donna italiana. [...] È quello che succede sempre quando si approfondisce qualcosa in Italia: si sorpassa facilmente l'impostazione superficiale di modernità e ci si ritrova subito in strati di civiltà inferiore, storicamente superata. Che nel 1960 ci si debba ancora accorgere, davanti a documenti innocenti, e, a prima vista, insignificanti, come queste lettere, che in Italia persiste un tipo di alienazione femminile che non appartiene alla fenomenologia industriale e moderna, ma è sostanzialmente arcaico, anteriore a quella che per le nazioni civili è stata l'"emancipazione della donna", è semplicemente angoscioso.[125]

In quest'ultimo passaggio Pasolini esprime una visione terrificante: se il neocapitalismo modernizza e rivoluziona, non

[124] *Ivi*, p. 102.
[125] *Ivi*, pp. 102-103.

modifica la divisione sessuale del lavoro e della cultura, anzi la rafforza. Il vittorianesimo continua a incidere sul mondo femminile. Strascichi di questa cultura sono tuttora presenti. La modernizzazione intesa come sviluppo delle coscienze non si è quindi compiuta.

2.7 Anomia, contestazione ed estremismo

Entriamo ora nel laboratorio più sperimentale e controverso della riflessione pasoliniana, che ci inserisce in un orizzonte più generale, in grado di interpretare i processi di modernizzazione e di spiegarne il funzionamento. Pasolini, in fondo, riflette sulla mutazione delle strutture morali che diventano norme sociali nel passaggio tra il vecchio e il nuovo capitalismo.

L'orizzonte teorico cui facciamo riferimento per la definizione di "norma sociale" è quello di Émile Durkheim – il quale, pur appartenendo anagraficamente all'Ottocento, può essere considerato uno dei maggiori sociologi del Novecento – e del suo fondamentale *La divisione del lavoro sociale* (1893), in cui viene sollevata una questione fondamentale: come riesce a stare unita una società? Finché le società sono poco differenziate, con un numero limitato di ceti e di classi sociali, con poca ricchezza accumulata, la coesione sociale – quella che Durkheim chiama la solidarietà meccanica, utile per mantenere unita la società senza cadere nel disordine – è facile da realizzare. Secondo Durkheim, nel cuore dei molteplici processi che portano a questa unificazione si individuano agenzie sociali e intellettuali specialistiche che diffondono sensi comuni e danno vita a norme sociali, ossia a regole di comportamento che gli attori sociali interiorizzano e ripropongono nel proprio orientamento all'azione. D'altro canto, emerge anche la questione della devianza sociale, che si pone, in quest'ottica, come uno sviamento dalle norme sociali. Durkheim porta infiniti esempi, che in seguito il nipote, Marcel Mauss, uno dei maggiori antropologi del Novecento, riprenderà nel suo studio comparativo delle norme sociali. Un esempio evidente a tutti è l'accettazione o meno della divisione del lavoro, tra l'uomo e la donna, in base al sesso. In alcune società il furto era perfettamente accettato, come nelle isole Samoa, almeno fino a venti o trent'anni fa. La norma sociale non è la legge, è l'obbligazione morale, come diceva Rousseau: si rispetta la legge perché si è buoni cittadini. Questa norma può successivamente concretarsi in una legge, e in tal caso si parla, nella teoria del diritto, di compulsività della legge: la legge viene vissuta dagli attori come obbligazione. La norma sociale è un sistema di valori morali che legano gli uomini nella convivenza civile, in cui è assente il ricorso alla forza e vige la pace, nel senso in cui la intendeva Hobbes. Ogni società può realizzare questa forma di convivenza civile in base a norme diverse.

Pasolini mette a fuoco la mutazione delle norme: il suo pensiero risulta ancora più significativo perché egli è l'unico intellettuale ad avere compreso che questo rivolgimento avviene con inusitata rapidità, come mai era successo nelle società industriali. La prima industrializzazione inglese fu caratterizzata da un forte moralismo sessuale, visibile, per esempio, nella condanna di Oscar Wilde. Come ci dice Karl Polanyi in *La grande trasformazione* (1944), tale industrializzazione si fondò sulla repressione degli istinti, sulla morale vittoriana, che condannava anche gli appartenenti alla borghesia. A partire dalla prima guerra mondiale la morale comincia lentamente a cambiare: vengono meno alcuni freni posti in precedenza al comportamento. Emblematico è il caso di Virginia Woolf, letterata notoriamente omosessuale e tuttavia accettata dalla società inglese degli anni Venti: l'allentamento della moralità vittoriana permette un progressivo cambiamento dei valori. Un altro segno del mutamento sono i Beatles che, dopo aver infranto tutte le regole morali tipiche della società britannica, vengono nominati baronetti dalla regina Elisabetta. In Francia, già a metà del Settecento, la società era enormemente più libertina rispetto alla morale vittoriana, nelle classi alte come in quelle basse; Pierre Choderlos de Laclos nelle *Relazioni pericolose* (1782), ma anche i grandi romanzi di Hugo o di Balzac, mostrano una società borghese completamente libera, aperta. In tutti i paesi, sotto la spinta della modernizzazione economica, mutano le norme sociali, ma il cambiamento avviene con una certa lentezza. L'Italia è l'unico paese che insieme al Giappone ha rivelato questa modernizzazione solo in anni recenti.

Le norme antiche si frantumano tra gli anni Settanta e Ottanta, e le nuove appaiono a sprazzi, epifanicamente, in modo magmatico, senza essere istituzionalizzate o ufficialmente accettate. Una delle spiegazioni di questo fenomeno potrebbe essere la presenza della chiesa cattolica, che se da un lato ha un ruolo positivo in quanto mantiene i legami sociali, è al contempo una sorta di morale a sostegno del mercato ed esercita un controllo soprattutto sulla sfera sessuale. Ciò renderebbe questo passaggio più lento ma nello stesso tempo più tumultuoso. Pasolini guarda al cattolicesimo come alla religione della tradizione e delle classi subalterne, e vede nella fede un elemento di distacco dal capitalismo. La miglior lettura utile a capire questo particolare aspetto di Pasolini è *Chiesa contro borghesia* di Émile Poulat (1977). Pasolini è testimone di questo cambiamento repentino e frammentario, che avviene a prezzo di grandi lacerazioni, e lo rifiuta, considerandolo un cedimento acritico alla modernizzazione.

L'articolo più significativo su questo argomento è, a mio parere, quello che appare sul "Tempo" del 16 luglio 1972 con il titolo *Troppa libertà sessuale e si arriva al terrorismo*. Pasolini inizia prendendo di petto la questione, da grande giornalista:

> Sono bastati pochi anni – cinque o sei – perché in Italia almeno nell'Italia centrale e meridionale, e soprattutto urbana – il rapporto sessuale tra uomini e donne cambiasse radicalmente.[126]

---

[126] P.P. Pasolini, *Troppa libertà sessuale e si arriva al terrorismo*, in *Saggi sulla politica e sulla società*, cit., p. 237.

Il poeta mette fin da subito in evidenza che il problema del Meridione negli anni Settanta non è più quello storico del latifondo, della proprietà della terra, da cui i contadini sono sempre stati esclusi. Con la riforma De Gasperi degli anni 1948-49, ottenuta attraverso aspre lotte sociali e conflitti armati ma anche grazie alla lungimiranza della Democrazia cristiana che vota una legge di riforma agraria che interessa il latifondo del Sud e quello del Nord (il Polesine), le terre vengono assegnate ai contadini. Tuttavia, sebbene la riforma riesca a rompere il blocco latifondistico, non riesce a trattenere i contadini sulle terre: questo perché si tratta di una riforma fondiaria e non agraria, che non assegna gli strumenti tecnici ai contadini, ma anche perché la popolazione non può convertirsi in una classe di piccoli e medi proprietari terrieri, se non altro per la scarsità di terra. Da questo momento prendono il via due grandi processi: l'emigrazione dal Sud al Nord e quella dalla campagna alla città. La questione meridionale diventa una questione angosciosamente metropolitana. Le piaghe rappresentate dalle città del Sud come Algeri, il Cairo, Atene, Istanbul, germogliano in Italia come in tutta l'America Latina. La maggioranza dei contadini che si trasferisce in città fatica a trovare lavoro, vive di economie interstiziali, che apportano redditi scarsi e intermittenti, ma in ogni caso più alti di quelli di mera sopravvivenza che la campagna garantiva.

In poche pennellate, Pasolini definisce così un gigantesco fenomeno storico. Quando scrive questo saggio, infatti, ha in mente i reportage dei fotografi americani che vengono in Italia per raccogliere le immagini di un tempo arcaico: uomini che ballano tra loro, che fanno gesti lascivi alle donne, le immagini del matriarcato. È un mondo profondamente maschilista fondato sulle segregazione della donna, e tuttavia profondamente matriarcale nelle regole interne alla famiglia.

Pasolini affronta la questione di fondo attraverso gli insegnamenti della scuola del neorealismo.

L'Italia non è più pittorescamente caratterizzata dalla presenza di gruppi di giovani maschi, che se ne vanno in giro, o sostano nelle piazzette, da soli, coi loro motori o le loro complicità virili: ora in mezzo a questi gruppi c'è "sempre" qualche ragazza. [...] La presenza di queste ragazze tra i maschi, che una volta erano soli tra loro, cambia la fisionomia dell'Italia.[127]

Si è rotta la segregazione: due anni dopo la pubblicazione di questo articolo si terrà il referendum sul divorzio. La libertà sessuale della prima industrializzazione è evidente nel film di Visconti *Rocco e i suoi fratelli*, in cui Annie Girardot interpreta una ragazza libera, non stigmatizzata, forse una prostituta, che non viene però messa alla porta dalla comunità, come invece sarebbe successo in Meridione. Pasolini sostiene che l'apparizione delle ragazze, rompendo l'isolamento dei maschi, segnala il cambiamento dell'Italia nelle sue norme sociali: è il Pasolini apocalittico, che vede in questo cambiamento una rottura della tradizione e un cedimento al consumismo, alla mercificazione.

Ma ciò che non si vede è ancora è più impressionante. Soprattutto nelle città, non c'è più strada, angolo, caseggiato, dove almeno una o due ragazzine minorenni non siano a disposizione di tutti. [...] Infatti non vedrete più gruppi di ragazzi intorno alle prostitute: essi cominciano a ignorarle.[128]

Qui la sua visione apocalittica gli fa perdere l'orizzonte del cambiamento storico:

La prostituzione sta scomparendo – sembra incredibile – in Italia sta scomparendo – almeno nelle sue forme tradizionali, chiassose e quasi festose [...]. Questa improvvisa permissività sessuale – che porta ad alcune conseguenze logiche e giuste, come la scomparsa della prostituzione, diciamo, di basso livello – porta anche delle conseguenze, per ora, inaspettatamente negative. Porta per esempio un conformismo sessuale.[129]

---

[127] *Ibidem..*

[128] *Ibidem..*

[129] *Ivi*, pp. 237-238.

Per Pasolini vi è il rischio che, come l'economia monetaria avviluppa la natura con la trasformazione del paesaggio, così la mercificazione capitalistica reifichi e mercifichi anche la sessualità, trasformandola in un comportamento conformista. Si tratta dello stesso processo che aveva colto rispetto ai *teddy boys*: la reificazione di un comportamento che si presenta come liberatorio e socialmente deviante, ma che viene invece assorbito dalla società. Pasolini percepisce che la libertà non può essere data dalla società: possono esistere solo persone libere, nel senso della conquista personalistica inteso da Emmanuel Mounier. Al di fuori dell'utopica società comunista, dove non esistono più meccanismi produttivi dominanti, la libertà è solo una conquista individuale. Rifacendosi a Rousseau, Pasolini ritiene che la società presupponga costitutivamente la degradazione dell'uomo; anche la libertà sessuale concessa dalla società si traduce in una forma di conformismo e di alienazione, cessa di essere una libera scelta.

> Il terrore di essere senza ragazza crea dunque l'obbligo dell'accoppiamento, e quindi la nascita di un numero enorme di coppie artificiali, non unite da altro sentimento che quello conformistico di usare una libertà che tutti usano. L'ossessione della coppia chiude un'infinità di altri rapporti, e soprattutto interessi (anche non sessuali) possibili, toglie precocemente ai ragazzi la libertà e la disponibilità: una società tollerante e permissiva è quella dove più frequenti sono le nevrosi, perché essa richiede che vengano per forza sfruttate le possibilità che essa permette, richiede cioè sforzi disperati per non essere da meno in una competitività senza limiti.[130]

In fondo, la società vittoriana del vecchio capitalismo, caratterizzata da bassi consumi, bassi redditi, bassi salari, alti tassi di disoccupazione, manteneva una dignitosa povertà, quella dei borgatari romani, della gente di Napoli, che non obbligava a una tensione psichica volta a ottenere beni "privati" (consumi, rapporti

---

[130] *Ivi*, p. 238.

sociali o sessuali che siano). Negli anni Cinquanta non possedere beni privati era la norma, una norma idonea a società a bassissimo tasso di crescita e di sviluppo. Negli anni Sessanta-Settanta la norma è quella di aumentare sempre più le proprie aspettative, e se queste si vedono frustrate aumenta il grado di insoddisfazione. Oggi, la mancanza di determinati beni privati porta addirittura a una sorta di isolamento all'interno della società.

Ultimamente si parla molto, sul piano della riflessione teorica, di economia delle aspettative. Questa nozione era già stata scoperta dai grandi classici dell'economia, da Keynes per esempio, che parlando di logica del consumo descriveva, a livello teorico, i mutamenti analizzati da Pasolini. Il consumo si genera creando l'aspettativa e la possibilità del consumo stesso, per esempio attraverso il credito, la rateizzazione, tutti mezzi che danno vita a un sistema di vincoli attraverso cui i soggetti potranno, loro sottoponendovisi, soddisfare le proprie aspettative.

> Inoltre la permissività fa venire in luce – appunto perché le permette
> – le diversità: ed è appunto la permissività che crea i ghetti.[131]

Che cosa significa per Durkheim, così come per tutti gli altri sociologi, la differenziazione all'interno delle società? Le comunità si diversificavano, per esempio, con la trasformazione dell'educazione scolastica, o con l'apertura di talune professioni alle donne. La possibilità di accesso a tutte le professioni per gli appartenenti alle diverse classi sociali era formalmente garantita: ai figli degli operai non era proibito diventare avvocato: a impedirlo era una differenza culturale elevata a norma, una sorta di darwinismo psicologico. Ancora oggi queste norme sociali non sono crollate, specialmente nel Sud del mondo, in Africa e in Asia, dove la mobilità sociale tra le classi è molto bassa. Durkheim, nell'analizzare questo fenomeno, propone il concetto di differenziazione sociale tra *have* e *have not*: è il fenomeno

---

131 *Ibidem..*

di cui parla Pasolini quando distingue tra società includenti e società escludenti.

Le ragazze italiane quindi – in una società improvvisamente permissiva – hanno avuto in pochi anni quei diritti che per secoli e millenni erano stati loro negati: per primo, il diritto alla libertà sessuale. Un'enorme quantità di ragazze (la maggioranza) se l'è presa e basta: facendone immediatamente un'abitudine, con le sue codificazioni. Una piccola quantità, com'era prevedibile – ha fatto di tale libertà una licenza illimitata.[132]

Qui si avverte in tutta la sua forza la fantasia pasoliniana, che trasforma questi eventi in una visione apocalittica, come del resto succederà in alcuni suoi film.

La libertà sessuale "da sola" porta a gravi squilibri (specie nei primi tempi in cui viene acquisita): nelle teste delle ragazzine oggi minorenni, che scoprono la sessualità come normalità, nel caso migliore, e la sessualità come licenza illimitata, nei casi peggiori, non c'è altro in definitiva che tale sentimento: esso è integrato solo, e automaticamente, dall'ansia consumistica, dallo snobismo piccolo-borghese ecc. che è tipico della stessa società che produce la permissività sessuale.[133]

Pasolini descrive il movimento studentesco come fenomeno collegato alla rivoluzione delle classi medie, che si manifesta tra il 1968 e la fine degli anni Settanta. Questa modernizzazione lo spaventa perché porta a forme di mobilitazione collettiva tanto gli esponenti delle classi basse, quanto quelli delle classi medio-alte, che ai suoi occhi sono la quintessenza dell'ipocrisia, dell'Italia clerico-fascista. Stabilisce quindi un collegamento immediato, e a volte anche meccanico, tra la rottura delle norme e i valori piccolo-borghesi dei figli delle classi dominanti. Il Sessantotto diventa così la rivoluzione delle classi medie, assimilata dalle classi basse solo in un secondo momento.

---

132 *Ivi*, pp. 238-239.
133 *Ivi*, p. 239.

Mentre i ragazzi maschi, anche del popolo, cominciano a soffrire di nevrosi di tipo borghese, a causa del conformismo che nasce dalla tolleranza, le ragazze cominciano a soffrire di forme di nevrosi finora sconosciute, a causa dell'eccesso di libertà sessuale, priva di compensazioni, priva di un'analoga libertà in campo culturale.[134]

Le nevrosi sono acquisitive, borghesi, dovute alla scarsità di consumo, quale che sia il bene di cui si parli. Se prima soffrivano di privazione, ora i giovani soffrono di deprivazione. La rottura delle norme avviene senza la ricostruzione di valori culturali idonei. La segregazione della donna aveva come valore culturale l'unità della famiglia, nucleare o allargata.

La rottura delle norme e l'incapacità di elaborare libertà in campo culturale sono fenomeni tipici di tutti i processi di modernizzazione. Le malattie della gioventù, le nevrosi, nascono effettivamente dalla coesistenza di libertà sessuale e vita all'interno del vecchio nucleo familiare. In Giappone la decadenza delle vecchie norme è oggi evidente: i giovani hanno rotto alcune abitudini alimentari fondamentali considerate veri e propri riti, soprattutto nella religione scintoista. Oggi i giovani mangiano "all'americana" e non tollerano più la segregazione donne-uomini attorno al tavolo. Aumenta considerevolmente il numero delle donne che praticano il vagabondaggio; si sta disgregando il vecchio modello patriarcale scintoista, ma non se ne sostituisce un altro.

A questa crisi di valori, precipitata in meno di un decennio, si è sommata la crisi dell'impresa e della produzione, che si fondavano su un sistema arcaico, feudale, neoschiavistico, artefice della distruzione del sindacalismo. Dopo la fine della Seconda guerra mondiale, infatti, i giapponesi avevano eliminato i sindacati creati da MacArthur; in cambio di questa privazione, agli operai era stato garantito l'impiego a vita, e la conseguente possibilità di mantenere tutta la famiglia. Oggi questo sistema sta crollando miseramente.

---

134 *Ibidem.*

Pasolini coglie questo elemento: la libertà della modernizzazione richiede tensione psichica, perché l'individuo è costretto ad affrontare nuove forme sociali, nuovi valori. È un cambiamento che impaurisce le masse. La rottura delle vecchie norme sociali, sommata al processo di modernizzazione, rappresenta l'elemento di sfida più forte in mancanza di un'ampia libertà culturale. Ai problemi della modernizzazione non si possono dare spiegazioni economiche, bensì culturali. Come mai è tanto faticoso trovare operai in tutti i paesi in cui si registrano processi di crescita, nonostante gli alti tassi di disoccupazione? Come mai nessuno vuole più dedicarsi ai lavori manuali, e nemmeno l'africano, che preferisce fare l'ambulante? La spiegazione risiede in un fatto culturale. Nella tradizione di svariati paesi africani, nella storia dell'impero nigeriano per esempio, il mercante ricopre un ruolo di grande prestigio all'interno della società. Lo status, per questi uomini che vivono per strada e che a noi paiono mendicanti, è molto più importante di un lavoro fisso, perché li rende continuatori della tradizione mercantile dei loro paesi.

La mancanza di determinate funzioni sociali nell'epoca della modernizzazione è frutto di aspetti culturali più che di specializzazioni economiche. Pasolini coglie perfettamente l'importanza di tale evoluzione: più le società si differenziano, più aumenta il grado di libertà, maggiore è l'investimento psichico richiesto. Scegliere implica sempre un costo sul piano psichico: ecco perché la gente ama essere guidata.

> Ora dovremo spostare l'ottica al Nord (dove certa maggiore libertà sessuale era già stata acquisita dall'industrializzazione), e osservare la presenza di diversi casi-limite, il cui simbolo estremo potrebbe essere appunto quello dell'estremista Meinhof.[135]

Ulrike Meinhof era a capo della famosa organizzazione terroristica tedesca di estrema sinistra Rote Armee Fraktion, meglio

---

[135] *Ivi*, p. 240.

conosciuta con il nome di Baader-Meinhof: un fatto decisamente strano all'epoca, incongruente con le vecchie norme sociali (oggi i nuovi capi dell'Eta e dell'Ira sono donne).[136] Le ragazze del Nord Italia si sono mobilitate collettivamente attraverso il movimento degli studenti, coinvolgendo anche gruppi di operaie.

Nella Germania di fine anni Sessanta, un paese economicamente e politicamente stabile, con piena occupazione, con migliaia di immigrati socialmente accettati che lavorano nelle fabbriche, con bassi gradi di discriminazione, l'esplosione del terrorismo provoca stupore. Pasolini cerca per il terrorismo una spiegazione interna ai meccanismi della modernizzazione, anomala rispetto alle più diffuse interpretazioni economiche o economicistiche, affermando un concetto che in seguito diverrà normale: bisogna leggere *I demoni* di Dostoevskij. Dà, in altri termini, una spiegazione culturale.

Pasolini segue un percorso contorto e distorto per spiegare il terrorismo su basi antropologiche e culturali. Parte dalla libertà sessuale, intesa come la possibilità di disporre del proprio corpo e del proprio spirito, per arrivare ad alcune verità fondamentali.

Alcune decine di migliaia di ragazze del Nord si sono trovate improvvisamente di fronte non alla sola libertà sessuale (che per esse si è soltanto allargata e meglio definita) ma alla libertà di comportamento e di scelta politica. Ma anche qui si sono avuti degli squilibri analoghi a quelle delle loro coetanee di regioni meno sviluppate industrialmente, e quindi meno preparate alle nuove forme di vita della borghesia.[137]

Parlando di rivoluzione delle classi medie, Pasolini dà una perfetta definizione dell'"essere-nel-mondo":

Come queste ultime hanno immediatamente codificato la libertà sessuale, facendone una abitudine o una regola, conformisticamente

---

[136] Anche le Brigate Rosse poggiavano su figure femminili, come Margherita Cagol, ma queste non ricoprivano ruoli di comando.

[137] P.P. Pasolini, *Troppa libertà sessuale e si arriva al terrorismo*, cit., p. 240.

[...], così le prime – le borghesi del Nord – hanno immediatamente e istintivamente assunto una funzione codificatrice nei gruppi estremistici a cui – per esplosione di libertà – hanno aderito.[138]

Pasolini vede nel comportamento delle nuove generazioni femminili gli atteggiamenti propri delle loro madri.

> Esse tendevano, nell'interno di tali gruppi, a rendere subito "codificato" ciò che veniva scoperto: a dare fissità di regola, validità di acquisizione, a tutto ciò che giorno per giorno nasceva – almeno verbalmente – come rivoluzionario [...]. Esse hanno molto influito nel dare aspetto dogmatico e fanatico alle esperienze pragmatiche ed empiriche dei movimenti estremistici. E questo perché non potevano non portare certe abitudini femminili della vecchia cultura e della vecchia storia, nella nuova cultura e nella nuova storia di cui sono diventate protagoniste.[139]

Il meccanismo di codificazione delle norme della "madre", padrona in casa, si riproduce sulla "nuova donna", borghese, colta, libera sessualmente così come politicamente: la donna esplode insieme a tutte le norme, anche a quella biblica del "non uccidere".

> Insieme ai maschi, elaboravano nuove forme di lotta, di espressione di tale lotta, di comportamento sociale e politico ecc. ecc. – tutte le forme esistenziali che hanno caratterizzato la prima fase della transizione "estremistica".[140]

Il ricorso alla violenza nella lotta politica era uno strumento sconosciuto in Italia: esso atterriva la maggioranza di coloro che avevano ricevuto un'educazione non borghese. Secondo la mia formazione, per esempio, la violenza non doveva assolutamente essere praticata; mi impressionavano molto quei ragazzi di Lotta continua o Potere operaio, in fondo appartenenti alla borghesia torinese e milanese, che picchiavano muniti di spran-

---

138 *Ibidem.*

139 *Ivi*, pp. 240-241.

140 *Ibidem.*

ghe e di ritratti di Mao e Stalin, portando le bandiere rosse, che erano per me simbolo di pace: atti praticati in precedenza solo dai fascisti. Quei comportamenti erano un'esplosione immediata di libertà, ma era una libertà violenta, che includeva anche l'universo femminile.

Queste considerazioni rivelano la grandezza dell'analisi antropologica di Pasolini: la piccola borghesia mima i comportamenti che storicamente sono stati della destra, convinta di appartenere a uno schieramento di sinistra, combattendo la destra e la sinistra storica, in particolar modo i comunisti, in quanto anch'essi fanno parte del vecchio sistema e aderiscono a vecchie norme: l'opposizione è figlia della vecchia cultura. Pasolini è il solo a guardare il movimento studentesco in quest'ottica. Gli intellettuali di sinistra, tra cui Giorgio Amendola, il comunista più intelligente del secondo dopoguerra, non capiscono che questi ragazzi sono innanzitutto i figli della borghesia e che lottano quindi contro il comunismo, che incarna le vecchie norme culturali, o che ha paura di romperle: pasolinianamente, si potrebbe affermare che si tratta di un'opposizione felicemente e razionalmente conservatrice.

Egli sottolinea un elemento di trasmigrazione culturale:

> L'oltranzismo, si sa, è sempre stato tipico dello spirito conservatore: portando parte di questo spirito conservatore nei movimenti estremistici di sinistra si è creata una forma di oltranzismo che psicologicamente è di destra [...]. Non c'è dunque da meravigliarsi se la mescolanza tra uno slancio nuovo e rivoluzionario, e le vecchie abitudini conservatrici e codificatrici delle immense masse piccolo-borghesi, crea dei risultati mostruosi.[141]

Sono parole straordinariamente preveggenti: gruppi clandestini hanno infatti finito per codificarsi, fissarsi, mentre comunemente, durante tutti gli anni Settanta, si è ritenuto che il terrorismo fosse un fenomeno di estremismo, di instabilità.

---

[141] *Ivi*, p. 241.

Nel 1973, nello stesso periodo in cui Pasolini lavora al complesso di articoli di analisi sociale sopra citati, esce uno dei suoi saggi
più difficili ma anche più importanti, pubblicato in occasione di
un'inchiesta condotta da "Nuovi Argomenti" tra gli intellettuali
italiani, intitolata *Otto domande sull'estremismo*. Il suo intervento
riprende una conferenza organizzata dall'Associazione culturale
italiana, un'associazione indipendente dai partiti diretta dalla figlia di Francesco Saverio Nitti, Filomena. Le conferenze dell'Aci
riunivano intellettuali della vecchia e della nuova generazione, e si
caratterizzavano per una grande spregiudicatezza intellettuale. Il
tema, in questo caso, è quello dell'estremismo, sorto in Italia con
inaspettata violenza. Pasolini lo affronta parlando paradossalmente d'altro: parla di sé. Afferma di trovarsi in un momento non felice della sua vita intellettuale: «Sento [...] che qui le mie parole
suonano senza i caratteri né della novità né dell'autorità»,[142] e
teme che si stia già perdendo la serietà dell'attività culturale.

Le sue considerazioni partono da una critica alla cultura ufficiale, citando una figura importante per la sua formazione, Giacomo Noventa, poeta dialettale veneto che ha giocato un ruolo
centrale nella costruzione della cultura underground italiana.
Antifascista e combattente della Resistenza, ha saputo tuttavia
evitare la retorica resistenziale e ha agito come coscienza critica
della cultura dell'epoca, di qualsiasi parte politica. Nel 1971 Noventa pubblica per Scheiwiller *Hyde Park* – il cui titolo rimanda
al luogo della dialogicità, dell'ascolto dell'altro –, che diventa
fin da subito un punto di riferimento per molti giovani.

> Noventa, una quindicina d'anni fa, diceva che la "cultura ufficiale" in Ita
> lia ha la "colpa di considerarsi innocente"; e lo diceva da extravagante,
> da escluso o autoescluso, facendosi portavoce della cultura *underground,*
> che egli chiamava più correttamente "sotterranea". È vero: tutti noi, uo
> mini pubblici della cultura, in realtà, ci consideriamo innocenti.[143]

[142] P.P. Pasolini, *Prologo: E.M.*, in *Saggi sulla politica e sulla società*, cit., p. 242.
[143] *Ivi*, pp. 242-243.

Essere innocenti vuol dire identificarsi sempre con i valori costituiti, non contravvenire mai alle norme e dunque non essere mai colpevoli.

La "cultura sotterranea" com'è sempre ogni cultura nuova e quindi anti-ufficiale, tende prima di ogni cosa, sempre, a sfatare questa illusione di innocenza e mettere coloro che si illudono di fronte alla loro colpa. [...]. La giovane generazione che si è espressa nella rivolta del '68, anch'essa ha subito voluto "non essere innocente": e ha trascinato quindi nella sua autoaccusa calvinista coloro che già da tempo si erano chiusi nel loro sentimento d'innocenza. [...]La distruzione dell'innocenza è distruzione di valori.[144]

L'età dell'innocenza, il film di Scorsese, è basato su questi argomenti. Racconta la distruzione dei vecchi valori dell'*upper class* di New York, convinta di ricalcare la società europea, mentre uno dei suoi rappresentanti si rende conto che i valori di questa società stanno cambiando. La storia d'amore tra uno dei protagonisti e una donna potrebbe far sì che questa distruzione dell'innocenza si compia con la salvezza dell'individuo attraverso l'amore: invece ci sono solo la distruzione e l'adesione della donna ai nuovi valori, che la sottraggono però alla felicità.

Ritorna qui il tema della libertà distruttrice dei valori. Pasolini situa la sua riflessione sull'estremismo nell'ambito del conflitto tra generazioni:

Ogni ragazzo, coi suoi coetanei, viene a instaurare valori nuovi ch'egli vive dapprima solo esistenzialmente oppure ideologicamente.[145]

Sono due cose molto diverse. Alcuni valori possono essere vissuti esistenzialmente, senza esserne consapevoli, oppure ci si può astenere dall'attuare quei valori nel comportamento. Esistono operai che votano estrema destra oppure milionari che votano il partito comunista; i sociologi definiscono ciò "incongruenza di status": il comportamento psichico è diverso da quello politico.

---

144 *Ivi*, p. 243.
145 *Ibidem*.

La *vera razionalità* viene – almeno in una cronologia ideale – in un momento successivo. Con essa il nuovo valore si codifica, ed ecco che si produce di nuovo, in chi ne è portatore, la colpa di sentirsi innocente ecc.[146]

La razionalità crea anch'essa nuovi valori codificati. Sono considerazioni spietate: i sessantottini, si afferma, sono già diventati conservatori.

Ma tra coloro che erano ragazzi nel '45 e coloro che erano ragazzi nel '68, ci sono coloro che erano ragazzi durante gli anni Cinquanta: ossia c'è una "generazione di mezzo" che adesso è sui trenta-quarant'anni. [...] Un ventenne degli anni Cinquanta – letterato o uomo di cultura – che adesso ha trenta-quarant'anni, non ha mai opposto, vivendo una cultura "figliale", l'accettazione di una colpa, al posto della certezza dell'innocenza che caratterizzava la cultura "paterna". Perché questo? Perché, forse, i suoi "padri", in quegli anni, stavano adempiendo in ritardo a ciò che si fa di solito a vent'anni, e che era stato loro impedito dal fascismo e dalla guerra. Erano insomma "padri" forzatamente giovani. Comunque l'istituzione dei valori dell'antifascismo e della Resistenza ha causato uno stato d'innocenza a) ritardatario, b) più persistente del normale. Parlo – semplificando – della cultura dell'impegno e della potenziale egemonia culturale della Sinistra.[147]

Pasolini ha ben chiaro che l'origine sociopolitica dei protagonisti dei moti del Sessantotto viene da destra, da famiglie di destra che si spostano verso l'estremismo di sinistra, mettendo in discussione lo stato di innocenza della sinistra tradizionale, ossia i suoi valori costituiti: è la crisi dell'innocenza. Costoro si ribellano in seguito alla grande mobilitazione culturale indotta dalla modernizzazione economica, attaccando l'egemonia culturale propria della sinistra, accusata di condividere gli stessi valori della destra.

Così coloro che negli anni Cinquanta erano ragazzi (me li ricordo benissimo) e che, secondo l'esigenza naturale del rapporto tra figli

146 *Ivi*, pp. 243-244.
147 *Ivi*, p. 244.

e padri, avrebbero dovuto demistificare questo "ritardatario e persistente" senso d'innocenza, non fecero altro, invece, che accettarlo.[148]

Tra la generazione del Quarantacinque e quella degli anni Cinquanta c'era una sostanziale identità di vedute che non ha dato vita a nessun tipo di ribellione. Entrambe sono state impegnate nell'antifascismo, e la guerra ha reso loro impossibile essere "giovani". Questo fenomeno ha portato a una continuità, a una fossilizzazione degli ideali che si è tramutata in identità. Pasolini vi coglie un processo innaturale, e legge la rivoluzione studentesca come manifestazione di quell'odio che all'epoca non si è espresso. Il poeta cerca di spiegare perché i riferimenti ideali e mitici del Sessantotto trovino tanto consenso in molti intellettuali e perché la modernizzazione culturale provochi un crollo improvviso dei valori della sinistra (la rottura delle vecchie norme sociali, infatti, non avviene a destra, bensì all'opposizione), quella sinistra che aveva condiviso l'etica del lavoro, del sacrificio, l'idea di una società che dovesse fondarsi più sui doveri che sui diritti, la messa al bando della violenza nei rapporti sociali, l'espressione della protesta in forme civili, estranee alla necessità di distruggere. Perché i protagonisti del Sessantotto trovano tutti questi consensi anche nella generazione degli anni Cinquanta?

La sociologa Simonetta Piccone Stella, insieme ad altri autori che scrivono negli Usa e nei paesi scandinavi, ha di recente cominciato a studiare i processi di modernizzazione economica attraverso i comportamenti culturali delle generazioni, in cui si individuano i riflessi della modernizzazione stessa. La maggior parte di queste ricerche è condotta con il metodo dell'intervista, della raccolta di fonti orali, di storie di vita: i cambiamenti generazionali possono essere colti grazie allo studio della prosopografia, nel caso specifico la raccolta delle biografie. Questo am-

---

148 *Ibidem.*

messo che si possa sostenere la validità scientifica del concetto di
generazione, e che si possa considerare tale non solo un gruppo
di persone accomunate sul piano anagrafico, ma un'identità culturale, di valori. Si tratta di una questione molto complessa, e
tuttavia importante ai fini dello studio dei processi di mutamento economico, perché li mette in relazione con quelli relativi al
sistema sociale. Pasolini anticipa dunque modalità di studio e di
ricerca innovative, oggi di notevole rilevanza nell'attuale sistema
economico-sociale.

> Ho sempre detestato parlare di generazioni, prima di tutto, e, se lo
> faccio, lo faccio un poco per divertimento, e un poco perché quelle
> che delineo qui come "generazioni" non sono in realtà che delle "ca-
> tegorie".[149]

Con ciò si intendono categorie culturali, ideal-tipi weberiani,
aggregazioni di culture, di mentalità.

> La cultura era, sì, [negli anni Cinquanta, N.d.A.] una "cultura uf-
> ficiale", ma era però nel tempo stesso una cultura sostanzialmente"
> di opposizione": i suoi valori erano fondati sull'antifascismo e su un
> marxismo ancora vergine (sul piano del largo consumo).[150]

La cultura allora dominante era quella clerico-fascista, che
solo la grandezza di De Gasperi seppe trasformare in una cultura cattolico-democratica. Non c'era stata, in Italia, una vera
diffusione del marxismo: esso si conosceva solo attraverso la
mediazione di Benedetto Croce, che aveva scritto sul materialismo storico, e di Antonio Labriola, che aveva pubblicato alcuni
scritti nel periodo prefascista. La prima pubblicazione del *Capitale*, tradotto da Delio Cantimori, risale agli anni Cinquanta.
E proprio a partire dagli anni Cinquanta iniziano a diffondersi
le grandi riviste marxiste, nelle quali scrivono intellettuali come
Giuliano Procacci, Paolo Alatri, Gastone Manacorda. Nasce un

---

[149] *Ivi*, p. 245.
[150] *Ibidem.*

idealismo attivistico e circola in parte uno zdanovismo ufficiale attraverso libretti provenienti dall'Urss.

Tale cultura era dunque ufficiale, ma continuava ritardatariamente e persistentemente – come ho detto – a presentarsi come sotterranea, eretica, anti-statale, anti-ufficiale.[151]

La generazione degli anni Cinquanta, pur senza rompere con questa cultura, comincia ad aderire ad altri valori, mette in discussione la legittimità del neocapitalismo senza rendersene pienamente conto. C'è un'esplosione di valori fortemente antitetici alla cultura dei "padri della repubblica". La diffusione della modernizzazione economica in Italia fu possibile grazie alla straordinaria omogeneità culturale della generazione uscita dalla Resistenza, che superava qualsiasi differenziazione politica abbassando il livello dello scontro in nome dell'ideale superiore della formazione della repubblica. Il dibattito politico non mise mai in discussione l'autorità dello Stato. Tra un Togliatti, grande dirigente staliniano formatosi nell'Internazionale comunista a Mosca, un De Gasperi segregato in Vaticano per non essere arrestato da Mussolini, un Nenni, onesto emigrato in Francia, uno Sturzo, esule negli Stati Uniti, o un La Malfa chiuso nella Banca Commerciale, ben attento a non farsi coinvolgere, pur mantenendo accesa una fiamma di indipendenza intellettuale, c'era una forte solidarietà. La modernizzazione si attuò senza conflitti politici, che l'avrebbero messa in discussione; c'erano profondi conflitti sociali, ma non politici. La continuità parlamentare fu sempre assicurata. L'impetuosità della modernizzazione avrebbe potuto produrre seri disastri sul piano istituzionale; invece, intorno alla Costituzione si raccolsero tutte le fazioni politiche – il presidente dell'Assemblea costituente era addirittura un comunista, Umberto Terracini, fatto oggi inimmaginabile. Era diffuso uno spirito bipartisan, in virtù del quale certe materie

[151] *Ivi*, pp. 245-246.

rimanevano estranee al conflitto politico: la crescita economica, il benessere sociale, la pace, la libertà democratica (nessuno ha messo fuori legge il Partito comunista, come è accaduto invece nella Germania dell'Ovest. E se Pio XII scomunicò i comunisti, i sacerdoti continuano comunque a "curare" le loro anime).

L'irruzione dei sessantottini distrugge l'innocenza dei padri della repubblica e il nicodemismo della generazione di mezzo che, per quanto erede dei valori dei padri, non esita a schierarsi con i propri figli di fronte all'insorgere del movimento studentesco. L'elemento di fondo colto da Pasolini è il verificarsi di un crollo delle classi dirigenti italiane: la generazione di mezzo non svolge più il ruolo di mediazione fra la tradizione culturale dei fondatori della repubblica, artefici dei processi di modernizzazione, e quella delle nuove generazioni delle classi medie che si mobilitano con il Sessantotto. In altre parole, questa generazione vive una sorta di sospensione del sistema dei valori: non crede più nei valori dei padri, di fronte ai quali ha un atteggiamento pragmatico e per questa ragione assimila rapidamente i principi della modernizzazione.

Pasolini descrive un tipico fenomeno di cosiddetta anomia, concetto sociologico proposto da Durkheim nell'opera *Il suicidio* (1897), il primo studio empirico sul fenomeno, interpretato come conseguenza dell'emergere della società industrializzata dall'antica società rurale. All'inizio del Novecento la maggior parte dei casi di suicidio si riscontra soprattutto nelle società segnate dal rapido passaggio da un sistema economico agricolo-commerciale all'urbanizzazione industrializzata, in cui i vecchi valori cadono senza che ne vengano assunti nuovi e l'individuo rimane sospeso in mancanza di uno stato di obbligazione morale. La fase di anomia, che corrisponde al passaggio tra i vecchi e i nuovi valori, e in cui nessun valore nuovo ha ancora forza obbligativa-compulsiva, è tipica di tutti i processi di modernizzazione.

Nel 1964 Giuseppe Bonazzi, sociologo italiano autore di studi pionieristici sulle organizzazioni, pubblica *Alienazione e anomia nella grande industria,* opera che andrebbe letta contestualmente ai saggi di Pasolini perché indaga gli stessi temi, cercando di spiegare un fenomeno sociale su cui all'epoca si interrogavano molti sociologi e psicologi del lavoro: come mai in una grande industria come la Fiat, attraversata negli anni Sessanta da un'impetuosa trasformazione, non si produce nessuna forma di conflitto sociale? La Fiat ha aperto le porte a migliaia di nuovi operai provenienti dapprima dal Veneto e successivamente dal Sud, sottoposti a ritmi di lavoro infernali. Uno dei problemi più gravi è la mancanza di alloggi, che li costringe spesso a vivere in condizioni subumane. Ciò nonostante, non si verificano movimenti di protesta. Un'ala della sociologia spiega il fenomeno ricordando la forte repressione messa in atto dalla dirigenza aziendale, fatto innegabile: gli operai attivi sindacalmente sono licenziati o inviati alle "officine-confino", i guardiani minacciano le loro famiglie, in particolare le mogli. In questi anni si registra un alto tasso di suicidi tra gli operai della Fiat. L'altra ala della sociologia, con a capo Bonazzi, non condivide questa tesi. Crede invece che gli operai della Fiat versino in uno stato di anomia, in quanto sono stati sbalzati rapidamente da un universo contadino a uno industriale, e hanno completamente perso il sistema di valori di riferimento. Non si tratta di individui immobili dal punto di vista psichico: sicuramente non c'è adesione alla politica dei dirigenti Fiat. Questi operai si trovano piuttosto in uno stato d'attesa.[152]

Bonazzi, nel suo studio, sostiene che ci si deve attendere la mobilitazione collettiva degli operai, ma che questa si esprimerà in forme completamente nuove rispetto alle consuete, ossia recuperando gli antichi aspetti della mobilitazione collettiva ti-

---

[152] Nel teatro, l'idea di anomia era stata splendidamente espressa da Beckett in *Aspettando Godot* (1952): si attende qualcuno che deve venire, ma il solo fatto di attenderlo significa non credere più in nulla e in nessuno; è una forma di nichilismo assoluto.

pica del mondo simbolico di appartenenza: la tradizione contadina. Quando scoppia il famoso autunno caldo, infatti, lo stato di anomia si rompe, ma la mobilitazione collettiva non avviene attraverso le forme classiche della sindacalizzazione. Proprio in quegli anni ha inizio l'immigrazione dal Sud di molti giovani operai che non hanno ancora una famiglia sulle spalle e che, dunque, non sono ricattabili. Nel momento stesso in cui si infrange la cappa del terrore, perché la direzione aziendale perde consenso e soprattutto perde il potere di condizionamento, si rompe anche la cappa dell'anomia. Questi giovani operai cominciano a riconoscersi nel movimento sindacale, ma non applicano i metodi di lotta e di rivendicazione che il movimento organizzato indica loro. Essi ricorrono invece alle modalità violente di protesta tipiche della vecchia tradizione contadina – l'assalto di stampo millenaristico ai municipi, l'occupazione delle terre –, attualizzandole in fabbrica.

Pasolini sostiene che la generazione degli anni Cinquanta si trovava in una situazione di anomia: non credeva più nei vecchi valori dei "padri della Repubblica", ma non osava ribellarsi. Nel Sessantotto i giovani borghesi si sono assunti le colpe dei loro padri. Il rifiuto della classe sociale di appartenenza si spinge fino al rifiuto dell'ereditarietà, alla dissipazione delle proprietà familiari, all'eliminazione di legami economici con la famiglia a causa del forte senso di colpa. Molti gruppi sessantottini tra cui Potere operaio, Lotta continua, il Partito maoista, si autofinanziano con la rapina e il furto, ma per lo più con i beni apportati dai propri aderenti, come succede oggi in alcune sette legate a Scientology. La colpa è quella di appartenere alla borghesia e insieme al marxismo, che non ha portato alla rivoluzione. Nasce da qui anche la polemica contro la Resistenza e la lotta di liberazione nazionale, che secondo i contestatori ha avuto la grave colpa di non aver perseguito l'ideale rivoluzionario. In realtà, essi ignorano che la Resistenza non era stata una rivoluzione sociale, ma una lotta per l'indipendenza nazionale, contro la dittatura, una lotta per la democrazia. Ha inizio una critica alla cultura dei "padri della Repubblica" che si manifesta perfino con atti di violenza:

> Hanno immediatamente – con la violenza che tutti ben ricordiamo – sbattuto in faccia le loro colpe a tutti i colpevoli. La colpa, assunta su di sé e rivelata agli altri, si oggettivò, e vanificò il suo oggetto: cioè il sentimento dell'innocenza con i suoi valori codificati. Questo profondo, insostenibile, manieristico moralismo, si poté esprimere solo a patto di tradursi totalmente in termini politici.[153]

La protesta sessantottina non è riuscita a esprimersi in termini culturali. Non esiste un romanzo, un libro, un'opera teorica o letteraria che abbia resistito al tempo – forse l'unica è il romanzo di Nanni Balestrini del 1971, *Vogliamo tutto*. Il Sessantotto è stato soprattutto una forma di attivismo politico privo di cultura, che ricalcava in un certo senso il movimento fascista delle origini. Il fascismo è stato una cultura in senso antropologico, in quanto non ha prodotto opere intellettuali che abbiano resistito nel tempo. Gentile non elabora una filosofia del fascismo, e non si può nemmeno affermare che esista una filosofia del regime: il suo è un idealismo attualistico utilizzato dal regime.

Pasolini intuisce una questione di grande rilevanza: con il Sessantotto la politica si separa dalla cultura, a cui si sostituiscono la violenza, la critica all'avversario, la menzogna, in alcuni casi anche l'assassinio. Non esistono più né la cultura tecnocratica, illuministica, del neocapitalismo della generazione degli anni Cinquanta, né quella di ispirazione crociana della generazione che aveva fatto la Resistenza. Il nesso che univa le due generazioni era quello tra cultura e politica: la politica si nutriva di cultura e di riflessione culturale. Con il Sessantotto gli studenti danno il via a un processo di modernizzazione senza sviluppo: la politica si separa dall'intelligenza culturale e diventa pura lotta per il potere.

---

153 P.P. Pasolini, *Prologo: E.M.*, cit., p. 248.

Quali fossero questi nuovi valori né l'esistenza né l'ideologia potevano dirlo: l'esistenza è muta e cieca, l'ideologia dice sempre *altro* – è
cioè pretestuale. Quei valori dunque c'erano, ma non si definivano.
Solo il momento successivo della razionalizzazione avrebbe potuto
nominarli. Questo momento, però, malgrado le eccitanti previsioni,
finora non è avvenuto.[154]

Si passa da uno stato di anomia della generazione di mezzo a
un nuovo fenomeno, molto importante: la rapidità con cui avviene la modernizzazione provoca una differenziazione funzio-
nale tra la classe politica e chi ci occupa della riproduzione della
cultura.

La vecchia generazione non si riconosce in questi giovani che
la accusano: un processo simile a quello avvenuto con la rivoluzione culturale cinese. I grandi padri della rivoluzione che avevano fatto la lunga marcia, Tung Ying-pin, che era stato capo
militare di Mao e sarebbe diventato presidente della Cina, Liu
Shao-chi, grande stratega di quella ritirata che si trasformò in
un'offensiva dal profondo della Cina fino a Shanghai per scon-
figgere Chiang Kai-shek, sono messi al pubblico ludibrio dalle
guardie rosse, con cartelli al collo, il tutto sotto la regia di Mao
e del gruppo attivistico legato a lui. Il Sessantotto prende come
riferimento proprio la rivoluzione culturale cinese, la lotta per
la distruzione dei padri, il grande mito antiborghese. In Italia si
assiste in questi anni a un netto rifiuto di tutta la cultura della
sinistra storica e della democrazia parlamentare. Le grandi dittature staliniane ancora vigenti all'epoca diventano i modelli di
riferimento, nel pieno di uno spirito antidemocratico che si accanisce contro tutti coloro che hanno costruito la democrazia e
anche contro il Partito comunista, individuato come portatore
di una colpa maggiore, a causa del suo rifiuto della rivoluzione.
Non a caso le Brigate Rosse uccidono anche alcuni operai comunisti, come Guido Rossa, colpevole di aver denunciato alcuni

154 *Ibidem.*

loro componenti. Pasolini è il solo intellettuale a levare la pro-pria voce contro questa rivolta, a individuare la crisi del gruppo dirigente. Molti di questi ragazzi saranno divorati dalla loro ri-voluzione, vittime del loro attivismo politico senza cultura, che manifesta un evidente malessere psichico e sociale.

> Tutto questo sarebbe semplicemente una ridicola commedia, se i Salamini [la generazione degli anni Cinquanta N.d.A.], nella loro vigliaccheria, non avessero condotto in porto due operazioni diabo-liche: a) essi hanno dato ai Lacedemoni [gli studenti del Sessantotto, N.d.A.] – in genere molto ignoranti in questo campo – la loro spe-cifica cultura letteraria [...] b) Essi hanno fornito ai Lacedemoni il proprio linguaggio tecnico!![155]

La generazione degli anni Cinquanta ha fornito agli studenti del Sessantotto l'armamentario ideologico con cui esprimere la reazione alla modernizzazione. Pasolini descrive il Sessantotto esattamente come una reazione alla modernizzazione. Non c'è solo la reazione del sottoproletariato: c'è anche un risveglio delle classi medie che reagiscono alla modernizzazione, all'apertura al neocapitalismo, alla spersonalizzazione dei rapporti umani, all'avvento dell'industria culturale. E tuttavia reagiscono per mezzo della loro cultura di classi medie, che storicamente è an-cora quella fascista e, antropologicamente, quella della violenza attivistica. Portano la cultura fascista all'interno dell'estremi-smo di sinistra, di cui essa si traveste. Così come la napoletanità del vicolo riattualizzava le vecchie culture secolari all'interno del nuovo meccanismo monetario capitalistico, del tutto diverso, qui la cultura storica attualistico-fascista delle classi medie risor-ge ma in forme nuove, si traveste per farsi accettare socialmente dall'estremismo di sinistra, divenendo la cultura dominante.

Pasolini si è spesso scontrato con i luoghi comuni. Il suo per-corso intellettuale è sempre stato contro l'ortodossia, sul piano esistenziale come su quell'intellettuale, perché ha sempre cerca-

---

[155] *Ivi*, p. 249.

to di opporsi ai miti dilaganti. Quando insorge il Sessantotto, il mondo marxista e il mondo cattolico si dividono. Tutta la sinistra, eccetto il Pci, è a favore del movimento, ma anche all'interno della Dc gli studenti trovano vari consensi; non a caso, molti dei capi storici delle Br vengono dal mondo cattolico, per esempio Renato Curcio e Margherita Cagol. I conservatori non criticano totalmente il Sessantotto perché all'interno del movimento militano i loro figli; Norberto Bobbio ne è un esempio illuminante.

In Italia si assiste a un completo crollo della classe dirigente degli anni Cinquanta: la modernizzazione avviene in una società a basso grado di istituzionalizzazione, cioè senza l'emersione di regole legali e comportamentali valide per tutti gli attori. Anche la politica può essere istituzionalizzata; esistono, per esempio, regole che garantiscono i diritti delle minoranze e impediscono la dittatura della maggioranza, o regole per il finanziamento dell'attività politica, che evitano il dilagare della corruzione. L'Europa e l'Asia, per esempio, sono sempre stati continenti a basso grado di istituzionalizzazione, a differenza degli Stati Uniti, dove esiste una democrazia ristretta ma con forti istituzioni politiche che, se pur non maggioritarie o plebiscitarie, e per quanto rette più dal potere del denaro che dall'opinione pubblica, funzionano.

I saggi di Pasolini ci insegnano che la politica, quando si separa dalla cultura, finisce di essere la virtù dei migliori e diventa quella degli eguali: oggi l'elettorato non vota più coscientemente e consapevolmente per chi ritiene il più adatto a governare, ma per chi gli è più simile.

Nella conclusione del suo discorso, Pasolini vede l'emergere di una nuova categoria intellettuale e politica inquadrata nell'estremismo.

Questa nozione sembra essere già semanticamente stabilizzata una volta per sempre, nel modo più definitivo, sia nel campo semantico della terminologia comunista che nel campo semantico della terminologia borghese. Da decenni, ormai, per i comunisti tradizionali "estremismo" altro non significa che "malattia infantile del comunismo". Sembra assurdo ma è così: uno *slogan* polemico, buono in un particolare momento di lotta, può servire a soddisfare per sempre la ragione e a tranquillizzare per sempre la coscienza.[156]

Il buon senso è la distruzione della ragione, l'adeguamento alla verità comune.

Pasolini cerca in sostanza di definire la nascita di due grandi categorie dell'azione politica che germogliano con la protesta contro la modernizzazione: la separazione della politica dalla cultura, e il concetto di estremismo (di destra come di sinistra), inteso come il rifiuto dei valori della democrazia repubblicana. Egli elabora una critica spietata delle classi dirigenti italiane, parla dei ragazzi del Sessantotto per parlare ai loro padri, che hanno distrutto alla base il sentimento di appartenere alla classe dirigente, perché hanno ceduto davanti all'irruzione di questa violenza forte e plebea, pur compiuta dai loro figli.

2.8 Il genocidio delle lucciole

Il saggio sopra commentato descrive un atteggiamento antropologico delle classi medie, una crisi di valori. Questa riflessione giunge al culmine in un articolo destinato ad apparire sul "Corriere della Sera" tre anni dopo, "Il vuoto del potere in Italia" (noto come l'"articolo delle lucciole"), e che sarà incluso negli *Scritti corsari* insieme ad altri testi pubblicati sul "Corriere della Sera" o su "Paese sera" nella prima metà degli anni Settanta.

L'"articolo delle lucciole" scatena un'enorme polemica politica, perché in esso Pasolini inaugura un concetto storiograficamente errato, ma profondamente efficace dal punto di vista euristico: quello di "regime democristiano", dove "regime", naturalmente, non va inteso in senso politologico.

---

[156] *Ivi*, p. 250

All'articolo replicò il giorno dopo, sempre sul "Corriere", Giulio Andreotti [...], rivendicando le notevoli trasformazioni in meglio avvenute in Italia negli ultimi trent'anni [...] facendo risalire la crisi della Dc alla "perdita del vigore programmatico che con tanta efficacia aveva dimostrato di possedere nei tempi dell'Assemblea costituente"; Andreotti fa notare comunque che "un naturale cambio di forze al potere" non è ipotizzabile in Italia fin che non ci saranno "alternative democratiche in vista".[157]

Rispondono anche molti altri intellettuali, tra cui Augusto Del Noce, Roberto Guiducci nonché Franco Fortini sull'"Europeo", quasi tutti per manifestare il proprio disaccordo sull'interpretazione della storia italiana e della crisi delle classi dirigenti proposta da Pasolini. Fin dall'inizio dell'immediato secondo dopoguerra Pasolini aveva intrapreso una dura critica nei confronti del gruppo letterario che si stava raccogliendo intorno a Elio Vittorini e Franco Fortini, giudicando il loro lavoro troppo immediatamente propagandistico sul piano politico, e quindi scarsamente autonomo rispetto alle tendenze neocapitalistiche anche sul piano linguistico: era una resa alle posizioni del neocapitalismo in poesia, una letteratura affetta da sociologismo e rispecchiamento neorealistico, dal rifiuto dell'immaginario, dall'esaltazione del nuovo, della nuova società industriale.

Il suo articolo del 1975 è una trasposizione sul piano della metafora e dell'immaginario poetico di due periodi distinti della storia d'Italia con i loro protagonisti politici: quello della ricostruzione, cioè del primo capitalismo, e quello del capitalismo nuovo.

Nei primi anni Sessanta, a causa dell'inquinamento dell'aria, e, soprattutto, in campagna, a causa dell'inquinamento dell'acqua [...] sono cominciate a scomparire le lucciole. Il fenomeno è stato fulmineo e folgorante. Dopo pochi anni le lucciole non c'erano più. (Sono ora un ricordo, abbastanza straziante, del passato: e un uomo anziano che

---

157 Vedi *Note e notizie sui testi*, "L'articolo delle lucciole", in P.P. Pasolini, *Saggi sulla politica e sulla società*, cit., p. 1773.

abbia tale ricordo, non può riconoscere nei nuovi giovani se stesso giovane, e dunque non può più avere i bei rimpianti di una volta.)[158]

La scomparsa delle lucciole decreta la fine di ogni illusione; in tono leopardiano, la gioventù è sparita anche nel rispecchiamento della nuova gioventù, e in ciò Pasolini coglie l'avvicinarsi della vecchiaia.

Quel "qualcosa" che è accaduto una decina di anni fa lo chiamerò dunque "scomparsa delle lucciole".[159]

A far scomparire le lucciole è il regime politico. Sono sempre la società e la politica a determinare i grandi mutamenti economici: l'economia non si spiega mai di per se stessa, non è autoreferenziale.

Il regime democristiano ha avuto due fasi assolutamente distinte, che non solo non si possono confrontare tra loro, implicandone una certa continuità, ma sono diventate addirittura storicamente incommensurabili. La prima fase di tale regime (come giustamente hanno sempre insistito a chiamarlo i radicali) è quella che va dalla fine della guerra alla scomparsa delle lucciole, la seconda fase è quella che va dalla scomparsa della lucciole ad oggi.[160]

Qui Pasolini introduce, come accennavamo prima, una categoria storiografica errata, e tuttavia interessante: la continuità tra regime fascista e regime repubblicano. Molti storici hanno insistito sulla questione della linearità storica nel passaggio tra dittatura e democrazia, data la continuità dell'apparato centrale dello Stato e del sistema economico. In realtà, questo passaggio ha creato una forte discontinuità sia a livello politico sia a livello economico, sebbene alcuni dei vecchi poteri siano rimasti intatti. Bisogna considerare che esistono diverse forme di capitalismo: la

---

[158] P.P. Pasolini, "10 febbraio 1975. L'articolo delle lucciole", in *Scritti corsari*, cit., p. 405.

[159] *Ibidem*.

[160] *Ibidem*.

gestione dittatoriale del capitalismo da parte del fascismo, la dittatura della borghesia, e un capitalismo o più capitalismi gestiti attraverso la democrazia parlamentare. (Oggi la maggioranza dei sistemi capitalistici del mondo è gestita democraticamente, eccezion fatta per alcuni paesi dell'Asia.)

Pasolini fa proprio l'assunto storiografico della continuità assoluta tra regime fascista e regime repubblicano, non soltanto dal punto di vista economico-strutturale e statualistico, bensì sociale nel suo complesso. Se ne possono evidenziare alcuni elementi di verità, in merito agli effetti prodotti dalla modernizzazione sulle coscienze.

Le lucciole sono una metafora poetica pascoliana, di quel Pascoli che evocava la semplicità della vita. Con questo scritto Pasolini entra nell'ultima stagione civile, disperata, della propria vita, nello spirito della "coscienza infelice", nell'angoscia dell'esistere; un moto tipicamente hegeliano di non realizzazione della coscienza. Il suo è il grido disperato di un uomo che avrebbe voluto che la storia del proprio paese andasse in senso inverso alla realtà dei fatti.

Prima della scomparsa delle lucciole, qual è la società che produce gli effetti velenosi della modernizzazione senza sviluppo?

> La continuità tra fascismo fascista e fascismo democristiano è completa e assoluta. Taccio su ciò, che a questo proposito, si diceva anche allora, magari appunto nel "Politecnico".[161]

Anche in questo caso la parola fascismo è una metafora. "Il Politecnico", la rivista fondata e diretta da Elio Vittorini nel 1945 che raccoglieva voci di diversi intellettuali comunisti, fu in seguito chiusa dal Partito comunista stesso, che si rifiutava di avere una voce critica al proprio interno. Le parole d'ordine della rivista, "estremiste" in politica e cosmopolite in letteratura, non si sposavano con il *diktat* della politica letteraria comunista di allora, che mira-

---

[161] *Ibidem.*

va a presentare il Pci come il continuatore della grande tradizione crociana della borghesia italiana, cercando una legittimazione in un paese in cui questo era di fatto isolato. "Il Politecnico", invece, perseguiva una politica di radicalizzazione partitica, denunciando la mancata epurazione dei fascisti dall'apparato dello Stato (evidente nella continuità dei codici), il mantenimento di alcune leggi fasciste nella democrazia, la violenza poliziesca, il disprezzo della Costituzione. Una condizione, per inciso, che tocca tutti i paesi che subiscono cambiamenti repentini.

La democrazia che gli antifascisti democristiani opponevano alla dittatura fascista, era spudoratamente formale. Si fondava su una maggioranza assoluta ottenuta attraverso i voti di enormi strati di ceti medi e di enormi masse contadine, gestiti dal Vaticano. Tale gestione del Vaticano era possibile solo se fondata su un regime totalmente repressivo.[162]

Repressivo dal punto di vista psichico, non da quello politico, perché imponeva la morale cattolica ufficiale, la religione e non la fede, per dirlo nei termini del cattolicesimo francese.

In tale universo i "valori" che contavano erano gli stessi che per il fascismo: la Chiesa, la patria, la famiglia, l'obbedienza, la disciplina, l'ordine, il risparmio, la moralità. Tali "valori" (come del resto durante il fascismo) erano "anche reali": appartenevano cioè alle culture particolari e concrete che costituivano l'Italia arcaicamente agricola e paleoindustriale. Ma nel momento in cui venivano assunti a "valori" nazionali non potevano che perdere ogni realtà, e diventare atroce, stupido, repressivo conformismo di Stato: il conformismo del potere fascista e democristiano.[163]

Tali "valori" assumevano tutt'altro significato quando erano ancora elementi prepolitici e pre-partitici (la fede religiosa delle masse, l'amore della famiglia), ma diventando valori di Stato perdono il proprio legame vitale con le persone che vi fanno ri-

---

[162] *Ivi*, pp. 405-406.
[163] *Ivi*, p. 406.

ferimento per orientarsi all'azione. Pasolini riprende i temi cari al pensiero modernista cattolico, eretico, di Ernesto Bonaiuti, nonché di tutta la tradizione cattolica francese inaugurata da Alfred Loisy, grande storico del cristianesimo che analizza la distinzione tra religione e fede. Quando la fede diventa valore di Stato, si muta in religione, diventa oppio dei popoli secondo Marx, *instrumentum regni* secondo i latini.

> Provincialità, rozzezza e ignoranza delle *élites* che, a livello diverso, delle masse, erano uguali sia durante il fascismo che durante la prima fase del regime democristiano. Paradigmi di questa ignoranza erano il pragmatismo e il formalismo vaticani.[164]

L'esempio più calzante è il Concordato tra il Vaticano e il regime fascista nel 1929, che causa l'allontanamento di don Sturzo dall'Italia. Il Concordato fa sì che entri in crisi l'antifascismo cattolico, già allora non molto diffuso.

> Tutto ciò risulta chiaro e inequivocabile oggi, perché allora si nutrivano, da parte degli intellettuali e degli oppositori, insensate speranze. Si sperava che tutto ciò non fosse completamente vero, e che la democrazia formale contasse in fondo qualcosa.[165]

Gli intellettuali, seguendo la strategia di Togliatti, approvano nell'Assemblea costituente l'articolo 7, che riconosce la validità dell'accordo tra Chiesa e Stato fascista a discapito delle altre religioni. Si accettano quindi i vecchi patti concordatari per evitare una guerra di religione che determinerebbe la messa fuori legge del Pci. A tale prospettiva si oppongono, nel partito democristiano, De Gasperi e, all'interno del mondo vaticano, un grande intellettuale, assistente spirituale della Federazione degli universitari cattolici italiani, Giovanni Battista Montini, il futuro Paolo VI. Si oppone poi gran parte dell'intellighenzia di sinistra, che accetta l'articolo 7 confidando nella democrazia formale e

---

164 *Ibidem.*
165 *Ibidem.*

nel fatto che i mutamenti democratici contengano in sé i "guasti" che l'accettazione dei vecchi patti concordatari comporta.

Pasolini non condivide queste speranze, avendo sperimentato sulla propria pelle la condanna della sua omosessualità in nome dei valori del cattolicesimo, e l'adeguamento a questa linea da parte dello stesso Pci. Le sue considerazioni rappresentano un primo, importante aspetto dell'analisi di ciò che è accaduto in campo intellettuale prima della distruzione dell'universo delle culture particolaristiche e della continuità storica dei valori tradizionali, che erano reali fintanto che appartenevano ai mondi vitali delle vecchie culture contadine e non facevano ancora parte della sfera dell'ideologia.

La "seconda fase" si apre dunque, come dicevamo, con la scomparsa delle lucciole:

> In questo periodo la distinzione tra fascismo e fascismo operata sul "Politecnico" poteva anche funzionare. Infatti sia il grande paese che si stava formando dentro il paese – cioè la massa operaia e contadina organizzata dal Pci –[166] sia gli intellettuali più anziani e critici, non si erano accorti che "le lucciole stavano scomparendo".[167]
> Nessuno poteva sospettare la realtà storica che sarebbe stato l'immediato futuro: né identificare quello che allora si chiamava "benessere" con lo "sviluppo" che avrebbe dovuto realizzare in Italia per la prima volta pienamente il "genocidio" di cui nel *Manifesto* parlava Marx.[168]

Nel *Manifesto del partito comunista* – uno dei più acuti testi di analisi politico-filosofica, insieme a *Che cos'è il terzo stato?* di Sieyès

---

[166] Sarà Pasolini stesso a coniare la definizione di popolo comunista quale controcultura, segnato da una forma di autoreferenzialità culturale: un tema classico della sociologia del movimento operaio. E il "paese nel paese" (con grandi organi di stampa, scuole di partito, riviste specializzate): non si condividono i valori complessivi della nazione, ma si formano valori propri, grazie all'autonomia ideologica. Oggi, questa cultura con a capo una classe dirigente non esiste più, se non in Germania, peraltro l'ultimo paese d'Europa ad avere ancora un grande partito operaio. [N.d.A.]

[167] P.P. Pasolini, "10 febbraio 1975. L'articolo delle lucciole", cit., p. 406.

[168] *Ivi*, p. 407.

(1789) e alla Costituzione degli Stati Uniti d'America (1787) –, il genocidio storicamente progressivo è quello delle culture particolari, su cui Marx ed Engels esprimono un giudizio darwinianamente positivo, all'opposto di Pasolini. Per Marx, nella storia, i sistemi sociali a più alta produttività del lavoro sconfiggono sempre quelli a più bassa produttività. Il sistema di produzione dei nomadi non poteva vincere quello degli allevatori-agricoltori, né quello dei capitalisti industriali. Oggi noi facciamo parte di una civiltà più progredita: non dobbiamo più lottare per la vita, bensì per produrre meno merci. Solo oggi ci si può dunque concedere il lusso di salvare le piccole culture perché ci aiutano a produrre meno. Pasolini quindi polemizza con Marx e, se è vero che si autodefinisce marxista, lo è solo su un piano politico, non già filosofico o nell'ottica dell'analisi storiografica.

Le lucciole rappresentano un mondo di valori, di *mores* nel senso antropologico di miti, credenze, costumi, mondi vitali.

I "valori" nazionalizzati e quindi falsificati, del vecchio universo agricolo e paleocapitalistico, di colpo non contano più. [...] A sostituirli sono i "valori" di un nuovo tipo di civiltà, totalmente "altra" rispetto alla civiltà contadina e paleoindustriale. Questa esperienza è stata fatta già da altri Stati. Ma in Italia essa è del tutto particolare, perché si tratta della prima "unificazione" reale subita dal nostro paese; mentre negli altri paesi essa si sovrappone, con una certa logica, alla unificazione monarchica e alla ulteriore unificazione della rivoluzione borghese e industriale. Il trauma italiano del contatto tra l'"arcaicità" pluralistica e il livellamento industriale ha forse un solo precedente: la Germania prima di Hitler.[169]

È un'unificazione che si accomuna a quella della lingua televisiva.

Fino alla vittoria della Prussia sulla Francia nel 1870, la Germania era un insieme di stati uniti solo dalla lingua comune, non dalle fondamenta. Attraverso la monarchia, e soprattutto grazie

---

[169] *Ibidem.*

alla spada degli Junker prussiani, si giunse in seguito a un processo di unificazione molto simile a quello italiano, le cui specificità sono ben analizzate nel libro di Engels *Po e Reno* (1859). Pasolini si riferisce alla Germania – che ha avuto come guida una monarchia e un esercito molto più forti dei Savoia dell'epoca guglielmina:

> Anche qui i valori delle diverse culture particolaristiche sono stati distrutti dalla violenta omologazione dell'industrializzazione con la conseguente formazione di quelle enormi masse, non più antiche (contadine, artigiane) e non ancora moderne (borghesi), che hanno costituito il selvaggio, aberrante, imponderabile corpo delle truppe naziste.[170]

In Germania, in realtà, le radici particolaristiche sono molto più profonde di quanto credesse Pasolini, tant'è che esistono due diversi partiti conservatori: la Christlich Demokratische Union (Cdu) e la Christlich Soziale Union (Csu).

La sostituzione dei vecchi valori si trasforma in uno stato di anomia che viene raccolto, secondo Pasolini, dalla violenza nazista.

> In Italia sta succedendo qualcosa di simile: e con ancora maggiore violenza, poiché l'industrializzazione degli anni Settanta costituisce una "mutazione" decisiva anche rispetto a quella tedesca di cinquant'anni fa.[171]

A suo giudizio, la violenza con cui le masse contadine sono state proiettate nella società dei consumi ha fatto sì che esse perdessero tutti i loro valori originari e non ne assumessero altri che quelli del consumismo.

> Era impossibile che gli italiani reagissero peggio di così a tale trauma storico. Essi sono divenuti in pochi anni (specie nel Centro-Sud) un popolo degenerato, ridicolo, mostruoso, criminale. [...] Ho visto dun-

[170] *Ibidem.*
[171] *Ibidem.*

que "coi miei sensi" il comportamento coatto del potere dei consumi ricreare e deformare la coscienza del popolo italiano, fino ad una irreversibile degradazione.[172]

È un fortissimo atto d'accusa alla modernizzazione senza sviluppo. «Cosa che non era accaduta durante il fascismo fascista, periodo in cui il comportamento era completamente dissociato dalla coscienza»[173], perché imponeva la sua disciplina alle masse. Mussolini poteva far sentire i suoi discorsi alla radio, ma non forniva alle masse alcuna condizione per spingerle a dare un consenso al regime, dato che non poteva garantire lo sviluppo economico. Le masse manifestavano una sorta di accettazione pragmatica del resistente, ad aderire al fascismo erano piuttosto gli strati deboli ed evanescenti delle classi medie promosse come tali proprio dal regime di Mussolini: l'alta e la media burocrazia dello Stato. C'era dunque, nell'Italia dell'epoca, una dissociazione delle coscienze: nessuno credeva davvero ai miti del fascismo, a parte i piccolo-borghesi. È quanto è avvenuto anche in Unione Sovietica: una volta crollato il regime del terrore, la popolazione non sostiene più la dittatura. Nell'Italia del secondo dopoguerra ha vinto la democrazia, non tanto per le riforme istituzionali, ma perché ha portato all'enorme aumento del livello di vita: è stata questa la grande rivoluzione.

Pasolini introduce una distinzione tipica dell'antropologia fenomenologica quando parla della dissociazione tra coscienza e comportamento: molti atti sono strumentali, ma inespressivi.

Vanamente il potere "totalitario" iterava e reiterava le sue impostazioni comportamentistiche: la coscienza non ne era implicata.[174]

Ancora una volta, si richiama a Rousseau e alla sua definizione di obbligazione politica, laddove si chiede se si rispetti la

172 *Ivi*, p. 408.
173 *Ibidem.*
174 *Ibidem.*

legge perché si è dei buoni cittadini (e in questo caso è presente un'implicazione di coscienza) oppure per paura (nel qual caso tale implicazione non esiste). È la differenza tra comportamento strumentale e comportamento espressivo.

I "modelli" fascisti non erano che maschere, da mettere e levare. Quando il fascismo fascista è caduto, tutto è tornato come prima.[175]

Le dittature lasciano spesso inalterati i substrati antropologici e le subculture. Per capire questo fenomeno è sufficiente considerare il caso della ex Iugoslavia, dove la spietata dittatura di Tito ha certamente avuto una funzione repressiva, ma ha lasciato altresì intatti gli odi tra i diversi gruppi, esplosi ancora più violentemente dopo la sua caduta.

Un fenomeno analogo, secondo Pasolini, si è verificato con il fascismo, e si sta verificando anche nel momento in cui esce il suo articolo: in quest'ultimo caso, sono stati distrutti i vecchi valori in nome di un valore unificante nazionale fondato esclusivamente sul consumismo, che in realtà non ha unificato le coscienze e non ha permesso una reale acquisizione di valori.

I nostri potenti continuano imperterriti i loro sproloqui incomprensibili: in cui galleggiano i *flatus vocis* delle solite promesse stereotipe. In realtà essi sono appunto delle maschere. Son certo che, a sollevare quelle maschere, non si troverebbe nemmeno un mucchio d'ossa o di cenere: ci sarebbe il nulla, il vuoto.[176]

Queste profetiche parole sono le stesse che scriverà Moro dalla prigione delle Br, quando sosterrà che la Dc è diventata un mucchio di cenere, un partito unito dall'interesse, neppure più dalla fede, ma dall'apparentamento con la religione: si sono abbandonati i vecchi valori (quelli di Mounier, di Maritain, del grande cattolicesimo democratico), senza proporne di nuovi. Secondo Moro, la Dc ha spalancato un pauroso vuoto di potere,

---

175 *Ibidem.*
176 *Ivi*, p. 409.

perché non ha saputo più essere classe dirigente, ma solo classe dominante.

La spiegazione è semplice: oggi in realtà in Italia c'è un drammatico vuoto di potere. Ma questo è il punto: non un vuoto di potere legislativo o esecutivo, non un vuoto di potere dirigenziale, né, infine, un vuoto di potere politico in un qualsiasi senso tradizionale. Ma un vuoto di potere in sé [...] gli uomini di potere democristiani sono passati dalla "fase delle lucciole" alla "fase della scomparsa delle lucciole" senza accorgersene.[177]

In altre parole, hanno visto dileguarsi il mondo dei valori sul quale avevano costruito il loro plusvalore politico, quella valorizzazione degli ideali semplici e concreti su cui avevano fondato il loro partito e che affondavano le proprie radici nella vecchia morale cattolica, propria degli strati popolari e delle classi medie, dando così vita a una modernizzazione capitalistica senza sviluppo che ha distrutto quegli stessi valori.

Prima di impegnarsi in politica, Baget Bozzo scrive un bellissimo libro, *Il partito cristiano al potere* (1974), in cui sostiene che la Dc, con la modernizzazione capitalistica di cui è stata promotrice, ha distrutto se stessa, diventando un partito consumistico-capitalistico. Il collateralismo con la Chiesa serviva a dare dolcezza e a riempire di pietà e di attenzione solidaristica la modernizzazione capitalistica. Quando la Dc abbandona questa linea e diventa un partito di organizzazione del potere, segna la propria fine come partito cristiano.

Da "partito delle lucciole" si è trasformato nel partito della "scomparsa delle lucciole".

Non hanno sospettato minimamente che il potere, che essi detenevano e gestivano, non stava semplicemente subendo una "normale" evoluzione, ma stava cambiando radicalmente natura. Essi si sono illusi che nel loro regime tutto sostanzialmente sarebbe stato uguale: che, per esempio, avrebbero potuto contare in eterno sul Vaticano:

177 *Ibidem.*

senza accorgersi che il potere, che essi stessi continuavano a detenere e a gestire, non sapeva più che farsene del Vaticano quale centro di vita contadina, retrograda, povera. [...]. E lo stesso si dica per la famiglia, costretta, senza soluzione di continuità dai tempi del fascismo, al risparmio, alla moralità: ora il potere dei consumi imponeva ad essa cambiamenti radicali, fino ad accettare il divorzio [...]. Gli uomini del potere democristiani hanno subìto tutto questo, credendo di amministrarselo.[178]

Hanno creato un *homunculus* faustiano, come quello di Goethe, che cresce, si sviluppa da sé e alla fine uccide il suo padrone.

Nella realtà, i potenti democristiani coprono, con le loro manovre da automi e i loro sorrisi, il vuoto.[179]

È un'analisi spietata, ma di un'eccezionale preveggenza: la Dc, oggi, non esiste più, si è dissolta come neve al sole quindici anni dopo questi scritti. E si è sciolta non a causa dell'offensiva dei giudici (anche in Germania alcuni esponenti politici sono stati processati), ma perché quegli atti giudiziari hanno colpito un partito ormai profondamente corroso dalla modernizzazione. Pasolini chiama ancora una volta in causa i rapporti tra economia e politica, che non sono solo quelli tra economia e Stato, o tra economia e potere, ma anche tra sviluppo economico e partiti politici. I partiti che resistono non sono quelli che si adeguano piattamente ai valori dello sviluppo, ma quelli che cercano in qualche modo di interpretarne i valori, di guidarli, generando valori specifici.

In Messico, il Partido revolucionario institucional (Pri) è rimasto al potere dal 1926 al 2000, garantendo al paese una progressiva crescita economica e una stabilità politica, seppur a democrazia limitata. Appena il Messico si è avviato su una strada capitalistica autoctona, travolgendo i vecchi valori tradizionali, il Partido rivoluzionario è andato in crisi, trasformandosi in una

---

178 *Ivi*, pp. 409-410.
179 *Ivi*, p. 410.

macchina vuota di potere, segnata da scandali clamorosi. Il partito di Zapata, che rappresentava il Messico anche a livello economico, che controllava l'enorme società petrolifera nazionale Pemex, nonché larga parte del narcotraffico, si è letteralmente dissolto. Le elezioni del 2000 sono state vinte dal Partido Acción Nacional (Pan), un partito di destra che nei dieci anni precedenti aveva avuto scarsissimo peso politico. Questo, a dimostrazione del fatto che il processo subito dall'Italia negli anni Ottanta-Novanta non ha rappresentato un'eccezione mondiale, ma che, al contrario, questi cambiamenti hanno caratterizzato molti altri paesi. In Grecia, Nuova democrazia, il partito di Karamanlis che ha guidato la transizione democratica del paese negli anni Settanta, è oggi quasi scomparso e rappresenta un partito della modernizzazione di tipo democristiano, che non è stato in grado di inventare valori nuovi capaci di interpretare il cambiamento. La scomparsa delle lucciole, descritta da Pasolini nel 1975, inaugura una fase in cui siamo ancora immersi.

> Il potere reale procede senza di loro [senza più i politici, N.d.A.]: ed essi non hanno più nelle mani che quegli inutili apparati che, di essi, rendono reale nient'altro che il luttuoso doppiopetto.[180]

L'articolo si conclude con un'invettiva polemica e politica:

> Il potere reale che da una decina di anni le "teste di legno" [riferimento letterario a T.S. Eliot, N.d.A.] hanno servito senza accorgersi della sua realtà: ecco qualcosa che potrebbe già aver riempito il "vuoto" [...]. Di tale "potere reale" noi abbiamo immagini astratte e in fondo apocalittiche: non sappiamo raffigurarci quali "forme" esso assumerebbe sostituendosi direttamente ai servi che lo hanno preso per una semplice "modernizzazione" di tecniche. A ogni modo, quanto a me (se ciò ha qualche interesse per il lettore) sia chiaro: io, ancorché multinazionale, darei l'intera Montedison per una lucciola.[181]

---

[180] *Ivi*, pp. 410-411.
[181] *Ivi*, p. 411.

Pasolini tornerebbe dunque al vecchio mondo dei valori che è stato distrutto da questa modernizzazione.

Il saggio che abbiamo appena esaminato si caratterizza per un doppio registro: la critica alla modernizzazione capitalistica come genocidio dei valori particolaristici e l'inizio della stagione pasoliniana più politica, critica nei confronti del cosiddetto potere di palazzo.

Un insieme di contributi offerti da Pasolini poco prima di morire al dibattito politico italiano riassume la sua posizione in merito alla discussione intorno a cultura bassa e cultura alta, e alla questione della crisi dei valori e della distruzione delle culture subalterne. Pasolini è stato spesso accomunato ai terzomondisti, i quali, abbandonata ogni ipotesi di cambiamento sociale derivante dalla classe lavoratrice nei paesi ad alto sviluppo capitalistico, sostenevano che il cambiamento politico, fosse esso rivoluzionario o reazionario, potesse essere affidato soltanto alle élite o alle masse del Terzo mondo. Questi intellettuali si rifacevano alle più disparate teorie politiche, in genere di sinistra, ma anche di estrema destra. I rivoluzionari facevano riferimento ai cosiddetti teorici del sottosviluppo, tra cui Samir Amin, e soprattutto a un pensatore politico-economico che ebbe molta fama nei circoli intellettuali tra la metà degli anni Sessanta e quella degli anni Settanta, Frantz Fanon, il quale propugnava la ribellione delle classi oppresse contadine del Terzo mondo contro le multinazionali e lo sviluppo capitalistico. Dall'altro lato c'era un filone variegato di pensiero reazionario di estrema destra, presente sia in Europa sia nei paesi in via di sviluppo, che, a quarant'anni di distanza, sarebbe risultato vincente dal punto di vista storico. Si trattava dei fondamentalismi, in particolare di quello islamico, che si collegava a un pensiero occidentale di destra attraverso la riscoperta dell'idea di nazione e di tradizione e che nasceva in contrapposizione alle vecchie classi colonialiste europee, alle dittature militari monopolistiche e alle borghesie capitalistiche che all'epoca governavano i paesi sottosviluppati.

Pasolini non appartiene in realtà a nessuno dei due filoni. Egli guarda alla conservazione delle tradizioni allo stesso modo in cui un rivoluzionario continua a desiderare il cambiamento sociale. La rivendicazione dell'integrità delle culture locali, soprattutto di quelle sottoproletarie, viene vista non tanto come elemento di contrasto o di contraddizione rispetto al capitalismo, ma come un fattore di resistenza alla pervasività dell'economia di mercato in tutti i rapporti sociali. La sua è la critica al consumismo di un grande conservatore che ha paura di emergere dal passato, e che per questo potrebbe paragonarsi a quel Tocqueville che vedeva con preoccupazione l'avanzamento della democrazia negli Stati Uniti e il pericolo della dittatura della maggioranza che la democrazia porta inevitabilmente con sé. Il popolo da solo non riesce a far valere la distinzione tra vittoria democratica e rispetto, altrettanto democratico-liberale, delle minoranze. Tocqueville guarda all'America con enorme sospetto, pur rendendosi conto che il cambiamento è inarrestabile. La democrazia dal basso e l'associazionismo sono modelli che, in fondo, indicano un'eventuale soluzione della crisi degli Stati di antico regime, situazione che contraddistingue la Francia all'epoca in cui scrive Tocqueville. Pasolini è immerso nello stesso pensiero: è un grande conservatore che vede la civiltà contadina come la più idonea alla conservazione dell'uomo nella sua integrità e che però si rende conto che essa non può essere eterna, in quanto viene distrutta e trasformata dall'industrializzazione. Come abbiamo già detto, ciò che colpisce maggiormente Pasolini rispetto all'Italia è la rapidità con cui si produce questo cambiamento: in vent'anni il paese compie un percorso storico che in altri paesi europei si era compiuto in due secoli, e da ciò discende la sua preoccupazione che alla crescita economica non corrisponda un pari sviluppo della crescita intellettuale e culturale delle popolazioni investite dalla trasformazione. Pasolini non esprime queste concezioni da pensatore politico, o da intellettuale politico, ma da letterato prestato alla polemica politica e civile.

Il più alto esempio di tale posizione è dato da un intervento che Pasolini pronuncia nell'estate del 1974 alla Festa dell'Unità di Milano, e che sarà pubblicato negli *Scritti corsari* con il titolo – scelto dallo stesso Pasolini – "Il genocidio". A riportarlo è "Rinascita", la principale rivista teorica di sinistra, che affronta diversi argomenti di ordine culturale e di critica letteraria, e che ha molto seguito anche al di fuori dell'ambiente di sinistra. Pasolini riassume qui molti dei temi a lui cari, che segnano tutta la sua riflessione poetica. Si tratta forse del vero testamento spirituale del poeta.

Egli prende la parola dopo un intervento sulla situazione sociale del paese pronunciato dal principale rappresentante del riformismo comunista, Giorgio Napolitano, che era stato seguace di Giorgio Amendola ma che l'aveva poi abbandonato quando quest'ultimo si era trovato in gravi difficoltà all'interno del Pci. Napolitano esprime un giudizio fondamentalmente positivo sulla trasformazione in corso in Italia, basando il suo discorso sul cambiamento economico-sociale, sull'aumento dell'occupazione operaia, sull'ampliamento delle classi medie, sulla modernizzazione del paese, anche attraverso la comparazione con gli altri paesi europei. L'Italia, proprio in quegli anni, entra nel novero dei grandi paesi industriali, e comincia a essere invitata ai consessi internazionali che prima la vedevano esclusa. Questi, a differenza degli attuali G7 o G8, non hanno il fine di coordinare la politica economica e monetaria mondiale, ma puntano principalmente a uno scambio di opinioni. Soprattutto in seguito alla grande crisi petrolifera del 1973-1974, l'Italia viene convocata non solo per discutere dei problemi dello sviluppo economico, ma anche per il ruolo centrale che geograficamente la caratterizza nel Mediterraneo. Negli stessi anni Pasolini scrive il suo ultimo romanzo, *Petrolio* (pubblicato postumo nel 1975), incompiuto e difficile, rimasto ancora allo stadio di riflessione, e che rivela un nuovo elemento della sua poetica: una grande rivoluzione linguistica. Pasolini non si cura più della bella forma;

al contrario, inizia a scomporre il testo. *Petrolio* è un romanzo meno tradizionale rispetto ai precedenti, e si avvicina molto allo stile che in quegli stessi anni porta al massimo livello un altro interprete critico della modernizzazione, il quale proietta però il suo lavoro all'interno della fabbrica: Paolo Volponi, autore di *Il memoriale* (1962) e *Le mosche del capitale* (1989).

L'intervento di Pasolini alla Festa dell'Unità di Milano va collocato nel contesto di uno scambio di opinioni. Se solitamente chi parla in pubblico cerca di adeguare il suo discorso agli interventi precedenti, Pasolini se ne distacca invece totalmente.

> Dirò subito, e l'avete già intuito, che la mia tesi è molto più pessimistica, più acremente e dolorosamente critica di quella di Napolitano. Essa ha come tema conduttore il *genocidio*: ritengo cioè che la distruzione e sostituzione di valori nella società italiana di oggi porti, anche senza carneficine e fucilazioni di massa, alla soppressione di larghe zone della società stessa. Non è del resto un'affermazione totalmente eretica o eterodossa. C'è già nel *Manifesto* di Marx un passo che descrive con chiarezza e precisione estreme il genocidio a opera della borghesia nei riguardi di determinati strati delle classi dominate, soprattutto non operai, ma sottoproletari, o certe popolazioni coloniali.[182]
>
> Oggi l'Italia sta vivendo in maniera drammatica per la prima volta questo fenomeno: larghi strati, che erano rimasti per così dire fuori della storia – la storia del dominio borghese e della rivoluzione borghese – hanno subìto questo genocidio, ossia questa assimilazione al modo e alla qualità della vita della borghesia.[183]

Pasolini si riferisce qui alle subculture escluse dalla storia scritta. È un elemento che, pur non cristallizzandosi mai nel suo pensiero, lo collega al punto più alto della riflessione intellettuale contemporanea, per esempio allo studio della storia orale. Tutte le ricostruzioni storiografiche, sociologiche, antropologiche, che si

---

[182] P.P. Pasolini, "Il genocidio", in *Scritti corsari*, cit., p. 511. Come si è già detto, Marx, a differenza di Pasolini, vedeva in questo genocidio un fattore positivo, un elemento della rivoluzione del capitale.

[183] *Ivi*, pp. 511-512.

basano esclusivamente sui documenti scritti, sono segnate da una carenza cognitiva fondamentale ed evidente perché essi richiamano solo le informazioni e i punti di vista tramandati da coloro che possiedono l'uso della scrittura. È la conclusione di Jack Goody, professore emerito di antropologia all'Università di Cambridge, il quale divide il mondo in società prive di scrittura e in società dotate di scrittura, riconoscendo però che anche in queste ultime si individuano momenti in cui non si partecipa alla cultura scritta. Alcune conoscenze continuano ancor oggi a essere trasmesse solo dall'oralità: si pensi per esempio alle pratiche lavorative dei contadini e allo stesso lavoro in fabbrica. Il famoso libro di Elias Canetti, *La lingua salvata* (1977), fa riferimento alle culture della Mitteleuropa, molte delle quali non sono state tramandate proprio per mancanza di testimonianza scritta. Il dominio della storia borghese, legato all'industrializzazione e guidato dal consumismo, realizza in Italia la grande differenza storica: l'industrializzazione ha coinciso direttamente con l'emergere della società del consumo, ed è per questa ragione che nel nostro paese l'incidenza del consumo privato è molto elevata. La ricchezza non è vissuta come bene pubblico, ma come consumo individuale: l'orientamento all'azione, le pulsioni politiche, si relazionano perfettamente all'aumento dei consumi privati. Pasolini è il primo a mettere a fuoco questa distinzione e la sua intuizione sarà raccolta da un grande economista, Augusto Graziani, che in un'antologia di scritti sulla storia economica d'Italia chiarisce molto bene questo passaggio.

Pasolini analizza il modo in cui avviene il genocidio, ossia l'assimilazione al modo e alla qualità di vita della borghesia.

> Io sostengo che oggi essa avviene clandestinamente, attraverso una sorta di persuasione occulta.[184]

Le borghesie degli stati industrialmente più antichi avevano realizzato la loro egemonia culturale attraverso processi di socia-

---

[184] *Ivi*, p. 512.

lizzazione delle masse che si concretizzavano per mezzo di una lenta espansione del reddito, ma soprattutto attraverso processi di istruzione, di socializzazione culturale, di precoce alfabetizzazione (i livelli di alfabetizzazione di Francia, Inghilterra e Stati Uniti dell'inizio del XX secolo sono quelli che l'Italia raggiungerà soltanto negli anni Cinquanta). Tuttavia, se nel processo di trasformazione che ha coinvolto l'Italia si fosse applicato il metodo suggerito da Pasolini, l'ordine sociale non sarebbe stato mantenuto. Era impossibile acculturare in vent'anni i contadini che emigravano al Nord, abituarli alla disciplina di fabbrica e limitarne le pulsioni ribellistiche, millenaristiche. Le alternative non erano poi molte: la repressione di massa (che si è effettivamente tentato di perseguire attraverso le stragi, ma che non è stata mai applicata); o la manipolazione di massa tentata dalla borghesia italiana, che intendeva raggiungere il consenso attraverso l'espansione massiccia dei consumi. Se Pasolini ci svela dunque il segreto del consenso, bisogna riconoscere che difficilmente sarebbe stato possibile trovare un'altra strada.

> Mentre ai tempi di Marx [i tempi delle prime industrializzazioni, N.d.A.] era ancora la violenza esplicita, aperta, la conquista coloniale, l'imposizione violenta, oggi i modi sono molto più sottili, abili e complessi, il processo è molto più tecnicamente maturo e profondo. I nuovi valori vengono sostituiti a quelli antichi di soppiatto, forse non occorre nemmeno dichiararlo dato che i grandi discorsi ideologici sono pressoché sconosciuti alle masse (la televisione, per fare un esempio su cui tornerò, non ha certo diffuso il discorso di Cefis agli allievi dell'Accademia di Modena).[185]

Eugenio Cefis, presidente dell'Eni dopo la morte di Mattei, è, nel 1974, presidente della Montedison. Tra i protagonisti dell'industrializzazione pubblica in Italia, è una figura molto legata ai servizi segreti americani, già ufficiale dei carabinieri dell'Accademia di Modena, nonché comandante della lotta par-

---

[185] *Ibidem.*

tigiana nelle valli dell'Ossola. Uomo di enorme coraggio – negli anni Sessanta si reca in Africa per salvare un gruppo di tecnici dell'Eni caduti prigionieri – e di grande intelligenza, Cefis si muove nel solco della cultura politica di destra. Quando diventa presidente dell'Eni cerca di affossare totalmente la strategia di Mattei, volta all'alleanza con i paesi produttori di greggio, perseguendo un'intesa difficile con le grandi compagnie nordamericane. Tramite l'Eni, impegnata in spericolate imprese finanziarie che la distolgono dal business principale (la ricerca di greggio), acquista le quote maggioritarie della Montedison diventandone presidente e trasformandosi così nell'uomo di Cuccia. Di fronte all'emergere dell'autunno caldo del Sessantotto, Cefis propugna una linea di restringimento dei poteri democratici in Italia, da lui stesso esposta in un famoso discorso tenuto agli allievi dell'Accademia di Modena e reso poi pubblico. Cefis invoca una riforma della Costituzione, un restringimento dei poteri del Parlamento, una riforma elettorale di tipo presidenzialistico e un aumento del peso dell'Arma dei carabinieri. Dopo aver pronunciato quel discorso, improvvisamente lascia l'Italia per non farvi mai più ritorno. Le ragioni del suo esilio non sono mai state chiarite; forse, intuendo che il suo disegno non è destinato a realizzarsi, decide di abbandonare il paese. Dall'esilio in Canada e in Svizzera, forse, ricatta molti uomini politici del tempo. Ecco perché Pasolini cita quest'uomo: Cefis è uno dei punti oscuri della storia d'Italia (insieme alle stragi, all'assassinio di Moro e ai suicidi di Gabriele Cagliari e Raul Gardini).

La metafora di Pasolini è altamente indicativa: la televisione non diffonde quel discorso e dunque è uno strumento di manipolazione, non diffusione democratica. Per Pasolini, Cefis – ne parlerà anche in *Petrolio* introducendolo tra i protagonisti di cui non rivela il nome – rappresenta il volto di quelli che vorrebbero modernizzare l'Italia attraverso l'imposizione violenta.

Essi [i ragazzi che vivono per strada, N.d.A.] hanno perduto il loro antico modello di vita, quello che realizzavano vivendo e di cui in qualche modo erano contenti e persino fieri anche se implicava tutte le miserie e i lati negativi che c'erano ed erano – sono d'accordo – quelli qui elencati da Napolitano: e adesso cercano di imitare il modello nuovo messo lì dalla classe dominante di nascosto.[186]

I ragazzi di vita realizzavano i loro modelli all'interno della cultura orale e autoreferenziale: la loro era una forma di autorealizzazione. Essi appartengono a quella cultura che si ripete e si fissa, si consolida, con le generazioni. Il conflitto generazionale inizia con l'industrializzazione, quando vengono introdotti diversi orientamenti al consumo, al tempo libero, alla sessualità (ciò che rivoluziona l'Italia è la fine della segregazione delle donne).[187]

Proseguendo nel suo intento, Pasolini fa riferimento alla struttura narrativa di *Petrolio*, che si caratterizza per un impianto simile all'Inferno dantesco.

Tutti i grandi pensatori o poeti conservatori e reazionari che hanno espresso un giudizio negativo nei confronti della modernizzazione hanno sempre fatto riferimento al pensiero e alla poetica di Dante: i due maggiori esempi sono T.S. Eliot ed Ezra Pound. Pound scrive, nella prigione in cui è rinchiuso in quanto fascista, il più grande poema del Novecento, *Canti pisani* (1945), nel quale esprime una critica all'economia capitalistica, vista secondo i grandi stilemi dell'economia corporativa medievale. Per Pound, Dante rappresenta un archetipo filologico, ma soprattutto uno stilema arcaico imperiale per via del suo pensiero politico. Mentre l'Italia intera si avvia alla frantumazione degli Stati territoriali, Dante scrive il *De monarchia* (1313-1318), guardando a una società che sta ormai scomparendo.

---

186 *Ivi*, pp. 512-513.
187 Lévi-Strauss sosteneva che le società primitive vivessero lo scambio delle donne gestito dagli uomini, padri o fratelli che fossero. Tale fenomeno era esistito anche nella società meridionale italiana preindustriale, e si era ripetuto per millenni: la dote non era altro che la cristallizzazione dello scambio.

Eliot, riflettendo da Londra sulle stesse tematiche affrontate da Pasolini, scrive *L'idea di una società cristiana* (1939), in cui si ravvisa il richiamo all'archetipo, al non cambiamento, al ritorno a un'età dell'oro come elemento magico. Mauss sosteneva che la magia non fosse un orientamento irrazionale, ma una risposta razionale volta a bloccare l'esistente tramite il ricorso a un'autorità sovrannaturale che realizzi ciò che le forze dell'uomo non riescono ad avverare. Dallo stesso principio muove il riferimento meta-empirico, metaforico, il modello: la società contadina, vista come età dell'oro. Quando scrive *Petrolio*, Pasolini si rende conto che la società contadina è già distrutta, e di conseguenza non scrive più in friulano, come nelle poesie della giovinezza, ma fa riferimento proprio a Dante, come Joyce nell'*Ulisse* (1922).

Come si distinguono i modelli che compiono il genocidio delle culture preesistenti? «C'è il modello che presiede ad un certo edonismo interclassista»:[188] non esiste più lo schema di consumo alveolare, quello che caratterizzava le classi subalterne prima della disponibilità di reddito tipica dell'economia monetaria, la quale:

> impone ai giovani che inconsciamente lo imitano, di adeguarsi nel comportamento, nel vestire, nelle scarpe, nel modo di pettinarsi o di sorridere, nell'agire o nel gestire a ciò che vedono nella pubblicità dei grandi prodotti industriali: pubblicità che si riferisce, quasi razzisticamente, al modo di vita piccolo-borghese.[189]

Per Pasolini il razzismo dell'edonismo interclassista risiede nella discriminazione: l'unico modello accettato è quello della normalità piccolo-borghese della pubblicità. Egli fa qui un'osservazione molto importante su un tema che verrà studiato solo da un antropologo francese, Georges Ohnet:

---

[188] P.P. Pasolini, "Il genocidio", cit., p. 513.
[189] *Ibidem.*

I risultati sono evidentemente penosi, perché un giovane povero di Roma non è ancora in grado di realizzare quei modelli, e ciò crea in lui ansie e frustrazioni che lo portano alle soglie della nevrosi. Oppure, c'è il modello della falsa tolleranza, della permissività. Nelle grandi città e nelle campagne del Centro-sud vigeva ancora un certo tipo di morale popolare, piuttosto libero, certo, ma con tabù che erano suoi e non della borghesia, non l'ipocrisia, ad esempio, ma semplicemente una sorta di codice a cui tutto il popolo si atteneva.[190]

Si atteneva nello stile dei consumi, nel vestirsi, nel "consumare" il tempo libero diversamente dalle classi medie o dalla borghesia. Vigeva un'economia domestica, che non si identificava con lo stile piccolo-borghese; l'*oikos* si riproduceva, dando vita a una sorta di codice: il rispetto e la dignità nella povertà. Si tratta di un concetto evangelico, che non a caso è presente anche nel *Vangelo secondo Matteo,* precisamente nel "Discorso del Monte delle Beatitudini", scena chiave del film, in cui viene espressa la dignità dell'essere ultimi, condizione che non produce nevrosi, che non suscita la coscienza infelice hegelianamente intesa, in quanto si è privi del possesso.

Ad un certo punto il potere ha avuto bisogno di un tipo diverso di suddito, che fosse prima di tutto un consumatore, e non era un consumatore perfetto se non gli si concedeva una certa permissività in campo sessuale. [...] O infine un terzo modello, quello che io chiamo dell'afasia, della perdita della capacità linguistica. Tutta l'Italia centro-meridionale aveva proprie tradizioni regionali [...], c'era una meravigliosa vitalità linguistica.[191]

La lingua è intesa come elemento di comunicazione e rivelazione dei valori culturali: quella del sottoproletariato era una vita povera, ma di grande libertà spirituale, evidente nell'invenzione continua di espressioni dialettali. In queste considerazioni c'è una sorta di "mitologia", ma anche, in fondo, un forte elemento di verità antropologica.

[190] *Ibidem.*
[191] *Ivi,* pp. 513-514.

Nelle isole australiane, i *natives* Tiwi (gli indigeni), prima dell'arrivo dei missionari, parlavano svariati dialetti. Questo impediva lo svolgersi di un'economia monetaria: gli scambi si effettuavano attraverso un'economia simbolica, in quanto il linguaggio non contribuiva alla penetrazione del mercato. L'arrivo dei missionari e dei mercanti ha aumentato il tenore di vita degli indigeni, anche grazie all'unificazione linguistica, ma ha diminuito drasticamente la ricchezza e la varietà delle espressioni. Mentre nelle isole dell'Australia questo processo è durato due secoli, in Italia dura solo vent'anni. L'Italia assomiglia a un vulcano in ebollizione: l'assenza di un processo stratificato di modernizzazione, in grado di "sfiatare" i grandi sedimenti culturali ha determinato un effettivo blocco della vita psichica.

> Il modello messo ora lì dalla classe dominante li ha bloccati linguisticamente: a Roma, per esempio, non si è più capaci di inventare, si è caduti in una specie di nevrosi afasica; o si parla una lingua finta.[192]

In due terzi del paese, al Centro e al Sud, questo processo si sta rapidamente compiendo; il Nord, invece, ha già completato la propria modernizzazione, essendo entrato nell'economia capitalistica già alla fine del Settecento.

> Perché la classe dominante ha scisso nettamente "progresso" e "sviluppo".[193]

Una critica che, già a metà degli anni Settanta, Pasolini rivolge alla sinistra nonché alla cultura cattolica, le quali avrebbero dovuto impegnarsi, secondo lui, per conservare i valori:

> Si può concepire uno sviluppo senza progresso, cosa mostruosa che è quella che viviamo in circa due terzi d'Italia; ma in fondo si può concepire anche un progresso senza sviluppo, come accadrebbe se in certe zone contadine si applicassero nuovi modi di vita culturale e civile anche senza, o con un minimo di sviluppo materiale. Quello che

---

192 *Ivi*, p. 514.
193 *Ibidem.*

occorre – ed è qui a mio parere il ruolo del Partito comunista e degli intellettuali progressisti – è prendere coscienza di questa dissociazione atroce e renderne coscienti le masse popolari perché appunto essa scompaia, e sviluppo e progresso coincidano.[194]

Questo intervento si ricollega a una delle *Lettere luterane*, "Bologna città consumista e comunista". Le *Lettere luterane*, raccolta di scritti pubblicati in origine sul "Corriere della Sera", sul "Mondo" e su "Vie nuove" tra il gennaio e l'ottobre del 1975, è un'opera postuma a cui però Pasolini lavorava da anni. Si tratta dei suoi scritti più politici, da cui traspare una sorta di guerra continua al meccanismo del potere politico italiano.

Il più dissacratore di questi saggi, straordinariamente profetico, è appunto "Bologna città consumista e comunista", in cui Pasolini spiega molto bene la distinzione tra sviluppo e progresso. L'Emilia rappresenta ai suoi occhi la quintessenza del cambiamento subito dall'Italia: anche in questa regione, seppur contraddistinta da un elevato tenore di vita e da una buona amministrazione, lo sviluppo, inteso nei termini che abbiamo spiegato in precedenza, non si è mai realizzato.

> Bologna non è una città "tipica" dell'Italia. Essa è un caso unico. Ma nel tempo stesso si presenta anche come *specimen* molto avanzato per una eventuale e improbabile città italiana futura. La sua anomalia è dovuta al fatto che essa si è "sviluppata" in questi ultimi anni secondo le norme ormai sacramentali dello sviluppo consumistico: ma, insieme, essa è una città comunista. Dunque gli amministratori comunisti hanno dovuto affrontare i problemi che imponeva loro lo sviluppo capitalistico della città. [...] A Napoli il povero e caotico sviluppo consumistico è nelle mani di amministratori che gli sono solidali.[195]

In quegli anni esce lo straordinario film di Francesco Rosi *Le mani sulla città*, che descrive l'impero dei Gava e la distruzione di

---

194 *Ibidem.*

195 P.P. Pasolini, "Bologna città consumista e comunista", in *Lettere luterane*, cit., p. 581.

Napoli, una delle più belle città del mondo, a causa della rendita fondiaria. Un fenomeno descritto molto bene anche da Percy Allum, grande sociologo inglese e autore di *Potere e società a Napoli nel dopoguerra*, un libro sul sistema di potere democristiano a Napoli. Come si è già ricordato, Pasolini studia all'Università di Bologna, dove avrà modo di incontrare Contini, da sempre attento alla poesia dialettale e che con la sua potenza ermeneutica e il suo prestigio di critico lo introduce nel mondo letterario. Pasolini vi incontra anche Arcangeli il quale, insieme a Longhi, gli svelerà i segreti delle forme e dell'arte. Bologna è all'epoca, negli anni Cinquanta, una città povera, circondata da una massa di braccianti e di mezzadri, con gli operai delle officine. Il Pci non è un partito di amministratori, ma di combattenti partigiani, di antifascisti ritornati dal carcere, di combattenti della guerra di Spagna, di rivoluzionari e di grandi sacerdoti, di illuminate coscienze cristiane, senza le quali non ci sarebbe stato il Concilio Vaticano II. Essa incarna tutto ciò che Pasolini sognava per il Friuli: una civiltà incorrotta, la civiltà della cultura, della religione (comunista) e della fede (cattolica). Ecco perché la città gli dice:

> Io mi confronto con la Bologna che tu hai lasciato una trentina di anni fa. So che mi ammiri [...]. Ma so anche che qualcosa di me ti delude o ti divide. Non è il rimpianto per quella città di trent'anni fa che ormai non c'è più, pur conservando intatta la sua forma: ciò che ti delude e ti divide è la constatazione di ciò che io sono nel presente. [...] La prima e unica proposizione del mio silenzio sarebbe: "io ti sono estranea e incomprensibile".[196]

È uno scritto straziante che si focalizza su una mutazione antropologica avvenuta anche là dove, per Pasolini, sembrava che ci fossero tutti i presupposti per un autentico sviluppo. La distruzione della cultura è avvenuta anche nella subcultura comunista, che il poeta avrebbe voluto capace di coniugare progresso e sviluppo.

---

196 *Ivi*, p. 582.

Se, attraverso il tuo carattere e la tua cultura, posso ancora parlarti, ciò è merito della funzione conservatrice che qui ha avuto il Partito comunista.[197]

Un'affermazione del genere è strana solo in apparenza – da parte del Pci, infatti, ci si dovrebbe aspettare un'impostazione rivoluzionaria –, perché questa funzione conservatrice si riferisce alla capacità dimostrata dal partito di mantenere i legami sociali.

Ancora Pasolini, rendendo Bologna protagonista dello scritto:

Ma io so che ciò che più di ogni altra cosa ti rende ansioso e quasi angosciato per quanto riguarda il mio fenomeno, è il fatto che io ponga problemi riguardanti lo sviluppo consumistico transnazionale a una giunta comunista regionale. La quale nel risolvere quei problemi li accetta. [...] Essa accetta anche l'universo che li pone: cioè l'universo della seconda e definitiva rivoluzione borghese [...]. Nel momento in cui sono, insieme, una città sviluppata e una città comunista, non solo sono una città dove non c'è alternativa, ma sono una città dove addirittura non c'è alterità. Prefiguro cioè l'eventuale Italia del compromesso storico: in cui, nel migliore dei casi, cioè nel caso di un effettivo potere amministrativo comunista, la popolazione sarebbe tutta di piccoli borghesi, essendo stati antropologicamente eliminati dalla borghesia gli operai.[198]

Pasolini riconosce qui che l'ottimismo democratico era assicurato dalla cultura comunista, che credeva nella mutazione antropologica come mezzo per ricostruire un nuovo blocco storico-sociale in cui questa amministrazione potesse rinnovarsi. Pasolini vede invece, a Bologna, mutazioni antropologiche profonde e già radicate, caratteristiche di una città improntata unicamente al progresso, grazie anche all'amministrazione comunista che si è rivelata un'amministrazione efficiente, capace di garantire più che altrove i meccanismi dello sviluppo capitalistico. Paradossalmente, la malversazione gaviana a Napoli, che ha provocato un arretramento, un rallentamento di tale sviluppo, non dà al siste-

---

197 *Ibidem.*
198 *Ivi*, p. 583.

ma di mercato una morale di sostegno basata su valori come la trasparenza, la fiducia e un basso grado di criminalità, che invece esistono a Bologna e contribuiscono a provocare una mutazione antropologica, un aumento del consumismo: sebbene esistano ancora gli operai, antropologicamente essi non sono più tali. Le conseguenze, dal punto di vista delle subculture politiche, emergono ai nostri giorni. La popolazione vota, e dunque si esprime politicamente, in base a come si autocolloca socialmente. Oggi, raggiunto l'acme dello sviluppo consumistico, tutti si sentono borghesi, e pertanto votano per chi ritengono li rappresenti meglio: questo è l'effetto di tale mutazione antropologica.

Solo gli intellettuali – da intendersi qui nell'accezione culturale e antropologica del termine, non già sociologica, ossia come coloro che esercitano il pensiero critico-negativo attraverso l'esistente – non si sentono borghesi, perché sono immuni dal realizzarsi vivendo. La vita è per loro negazione della vita stessa, infelicità, inadeguatezza all'essere: è per questo che possono mantenere un certo distacco dall'essere. Risiede qui, in fondo, l'intera vicenda pasoliniana.

Quello su Bologna è un saggio emblematico, che meriterebbe di essere incluso in un'antologia di antropologia economica, poiché spiega molto bene come le ideologie possano confondere le appartenenze personali. Pasolini pensava che solo il sottoproletariato si realizzasse vivendo, mentre si tratta del fenomeno universale dell'"essere-nel-mondo": ognuno si realizza vivendo attraverso il mondo simbolico, non attraverso quello vitale, empirico; diversamente, le manifestazioni politiche sarebbero un meccanico riflesso della condizione materiale.

Gli ultimi anni della vita di Pasolini sono quelli di un uomo disperato, che forse ricerca la morte e vede la distruzione anomica dell'universo delle classi popolari, anche nei casi di criminalità brutale di cui esse divengono protagoniste. In tale contesto si colloca uno scritto quasi dadaista, ma non per questo meno disperato, intitolato "Due modeste proposte per eliminare la criminalità in Italia" , incluso anch'esso nelle *Lettere luterane.* Pasolini parla dei sottoproletari romani, gli stessi che aveva descritto in *Accattone*, con quell'aura di dignitosa povertà e di felice infelicità.

> Infatti i giovani proletari e sottoproletari romani *appartengono ormai totalmente all'universo piccolo-borghese:* il modello piccolo-borghese è stato loro definitivamente imposto, una volta per sempre. E i loro modelli concreti sono proprio quei piccoli borghesi idioti e feroci che essi, ai bei tempi, hanno tanto e così spiritosamente disprezzato come ridicole e ripugnanti nullità.[199]

Ciò vale, ormai, per qualsiasi città del mondo.

> La stessa enigmatica faccia sorridente e livida indica la loro imponderabilità morale [anomia appunto, N.d.A.] (il loro essere sospesi tra la perdita di vecchi valori e la mancata acquisizione dei nuovi: la totale mancanza di opinione sulla propria "funzione"). [...] il consumismo che ha distrutto cinicamente un mondo "reale", trasformandolo in una totale irrealtà, dove non c'è più scelta possibile tra male e bene.[200]

Il mondo reale, fenomenologico, l'"essere-nel-mondo" di Heidegger, è stato sostituito dall'irrealtà. La realtà mostrata dalla televisione è quella dell'immagine, un mondo che non appartiene alla nostra esperienza di vita, un mondo «dove non c'è più scelta tra bene e male». Le barriere morali si assottigliano sempre di più, dilaga un forte cinismo, tipico del mercato. Quasi tutto è messo in vendita: i bambini, gli organi, perfino la riproduzione della vita.

> Donde l'ambiguità che caratterizza i criminali: e la loro ferocia, prodotta dall'assoluta mancanza di ogni tradizionale conflitto interiore. Non c'è stata in loro scelta tra male e bene: ma una scelta tuttavia c'è stata: la scelta dell'impietrimento, della mancanza di ogni pietà.[201]

---

[199] P.P. Pasolini, "Due modeste proposte per eliminare la criminalità in Italia", in *Lettere luterane*, cit., p. 689.

[200] *Ivi*, pp. 689-690.

[201] *Ivi*, p. 690.

Pare di leggere *I fratelli Karamazov* di Dostoevskij: se Dio è morto, tutto è permesso. Le proposte pasoliniane per eliminare la criminalità

> sono due proposte swiftiane, come la loro definizione umoristica non si cura minimamente di nascondere. 1) Abolire immediatamente la scuola media dell'obbligo. 2) Abolire immediatamente la televisione.[202]

L'inserimento dei genitori nel sistema educativo è un'irruzione tocquevilliana delle masse in un'agenzia che, in passato, cercava di educare contro il conformismo, mentre ora porta a un condizionamento piccolo-borghese.

Continua Pasolini:

> Inoltre una nozione è dinamica solo se include la propria espansione e approfondimento: imparare un po' di storia ha senso solo se si proietta nel futuro la possibilità di una reale cultura storica. Altrimenti, le nozioni marciscono: nascono morte, non avendo futuro, e la loro funzione altro non è che creare, col loro insieme, un piccolo-borghese schiavo al posto di un proletario, o di un sottoproletario libero (cioè appartenente ad un'altra cultura, che lo lascia vergine a capire eventualmente nuove cose reali, mentre è ben chiaro che chi ha fatto la scuola dell'obbligo è prigioniero del proprio infimo cerchio di sapere, e si scandalizza di fronte a ogni novità).[203]

Sugli stessi principi si fondava la scuola di Barbiana di don Milani, fautrice di un apprendimento radicato nel rapporto pedagogico diretto tra maestro e fanciulli, ma in cui i fanciulli erano fin dall'inizio considerati al pari degli adulti e in cui l'educatore era una figura fondamentale e tuttavia critica rispetto all'esistente. Si tratta naturalmente di proposte paradossali che Pasolini continuerà a portare avanti e che verranno ampiamente criticate dai suoi principali compagni di strada, tra cui Italo Calvino, Alberto Moravia ed Enzo Siciliano.

---

202 *Ibidem.*
203 *Ivi*, p. 691.

Il rifiuto della democrazia nella scuola esprime una negazione di quei valori della società che avanzano anche attraverso le agenzie educative: Pasolini teme che si verifichi una più rapida assimilazione delle culture negative autonome dalla modernizzazione senza sviluppo, e che i pochi insegnanti portatori di un pensiero critico possano essere travolti da questo cambiamento.

Le sue proposte, quindi, non vanno intese come indicazioni politiche concrete – Pasolini, infatti, non è né un politico né un demagogo –, ma come il segnale di una disperata riflessione.

3
L'opposizione all'esistente
e il "principio speranza"

3.1 Il rapporto intellettuale-popolo

Quest'ultima parte del libro è volta a indagare l'elemento co-
struttivo della riflessione pasoliniana, concentrandosi su quei
segmenti della realtà e della cultura che, all'interno della modernizzazione, Pasolini reputa utili per inverare un cambiamento o una resistenza all'esistente. Si potrebbe definirlo, sulla scia
dell'omonimo libro di Ernst Bloch, "principio speranza": anche
nelle situazioni più difficili il pensiero critico può trovare un elemento di trasformazione dell'esistente.

Sullo sfondo dei cambiamenti subiti dall'Italia del boom si sta-
glia la contraddizione dell'uomo Pasolini. La vicenda personale
del poeta, oltre a rappresentare un eccezionale esempio di atteggiamento critico verso lo sviluppo del reale, è anche una straordinaria manifestazione di libertà intellettuale. Pasolini sviluppa
idee, ideologie e miti polemizzando con la subcultura politica comunista che pure sceglie come appartenenza di fondo e alla quale
aderisce, fin dall'inizio, con un atto di straziante libertà, nonostante le dolorose vicende personali, tra cui l'espulsione dal partito
a causa della sua omosessualità e l'assassinio del fratello. L'intera
vicenda pasoliniana può essere letta come la critica adesione a una
cultura-ideologia prima popolare che politica, che nella sua realizzazione concreta lo ha costantemente ferito, non assimilandolo
mai completamente, anzi, considerandolo sempre un corpo estra-

neo. Il Pci non ha mai compreso le idee di Pasolini, eccezion fatta per Enrico Berlinguer, che nei suoi discorsi ricorre esplicitamente a concetti pasoliniani, tra cui l'idea che il Pci sia un partito insieme rivoluzionario e conservatore. Berlinguer mette al centro del proprio agire non già la questione politica, ma quella morale, il problema della convivenza con i cattolici e con gli ebrei, ed è considerato, per questo, impolitico, nonostante al tempo stesso si guardi a lui come a un rappresentante dell'alta burocrazia comunista.

L'adesione di Pasolini al Pci trascende sempre il suo interesse personale, e lo si evince dal fatto che egli non ha mai intrapreso una carriera politica, al contrario di quasi tutti gli intellettuali delle più disparate appartenenze politiche. Pasolini si pone su un altro piano: la sua è una scuola di libertà. A causa di tale orientamento, la sua posizione di oppositore dell'esistente risulta ancora più difficile, mancandogli il fideismo, quell'"ottimismo democratico" – come egli stesso lo definisce – di chi aderisce completamente a un'ideologia di cambiamento.

Il disciplinamento delle masse, di cui gli intellettuali possono essere ritenuti i principali attori, svolge la fondamentale funzione di ridurre il disagio psichico e le nevrosi della società, un elemento del tutto assente nelle opere e nella vita di Pasolini. Alcuni suoi saggi, mentre descrivono l'esistente, esprimono la possibilità di una resistenza, muovendo dalla denuncia del genocidio per tornare alla rappresentazione della purezza della vita delle classi subalterne. Un esempio interessante è la lettera indirizzatagli su "Vie nuove" nel 1961 da tale Pasquale Mossutto, bracciante pugliese:

> Caro Pasolini, io non sono mai stato a scuola, neanche un giorno: oggi sono studente universitario. Il fascismo mi ha tenuto analfabeta fino a 21 anni. [...] Tu dici che il marxismo di ognuno è la risultante di molte cose. Quelle che ho detto sono le componenti del "mio" marxismo [...].
> Ti scrivo come se compissi un atto importante della mia vita.[204]

[204] P.P. Pasolini, *Analfabeta fino a 21 anni*, "Vie nuove", 1961, in *Saggi sulla politica e sulla società*, cit., p. 961.

Questa lettera, i cui contenuti sono di scarsa rilevanza, esprime però perfettamente il cambiamento antropologico avvenuto nell'Italia degli anni Sessanta. Prima dell'avvento dell'industria culturale e della distruzione delle culture politiche autonome esisteva un rapporto intellettuale-popolo (oggi difficilmente rintracciabile), espressione di modelli prepolitici: non erano le classi politiche a cambiare, bensì i cittadini, gli elettori, grazie anche alla guida degli uomini colti.

Una parte della riflessione pasoliniana sull'elemento morale e ideologico è tesa a cercare una via di uscita dalla situazione di grave crisi civile e morale in cui l'Italia è sprofondata a seguito del processo da lui denominato "scomparsa delle lucciole". La lettera sopra citata del bracciante pugliese che è riuscito a emanciparsi mette in luce quale sia l'universo di riferimento in cui Pasolini vede la possibilità di un riscatto, anche a prezzo di una divisione e di una drammatica adesione all'universo politico, che a quel riscatto avrebbe dovuto contribuire.

L'autenticità dei valori di un mondo che sta scomparendo rappresenta il cardine, il punto di riferimento centrale delle sue priorità intellettuali. Il riconoscimento di una idealità aurea riferita allo stato di natura, che trovi un riscontro nell'aurea società della ribellione attraverso l'autenticità dei valori popolari, rappresenta per Pasolini il principio speranza. I dialoghi con i lettori su "Vie nuove" mettono bene in luce il modello di riferimento intorno al quale si costruisce, negli anni della sua formazione, la figura morale e intellettuale di Pasolini, un modello improntato ai valori dell'universo pretecnologico, potremmo dire pre-monetario.

In un'altra lettera, pubblicata con il titolo "Sincerità ed altro" e proveniente anch'essa dal Sud, più precisamente dalla Calabria, il mittente, Santo Gangemi, è un giovane appartenente alla comunità intellettuale, come si evince dai suoi riferimenti.

Caro Pasolini, sono un ragazzo ventenne [...]. Vorrei chiederti quali sono i criteri linguistici che hai usato per la trasformazione della lin-

gua-istituto, prosaica e tradizionale, in lingua-poesia. Poi una spiegazione, Devoto sostiene che le soluzioni dialettali "presuppongono
un rapporto di ottimismo, intimità e fiducia", mentre quelle gergali
presuppongono "uno stato d'animo di pessimismo, tecnicismo e dif-
fidenza". Perché?[205]

Si tratta di una lettera tecnica, che ha per oggetto la lingua e
il suo mutamento: una questione oggi poco discussa dagli intellettuali, nonostante abbia rappresentato un problema centrale
nella costruzione dell'unità nazionale. Tullio De Mauro è stato
l'ultimo a contribuire a questo dibattito, con la sua *Storia linguistica dell'Italia unita* (1963). Il dibattito si incentra su come
si sarebbe dovuto compiere il processo di unificazione linguistica in Italia, rispetto ai temi sollevati da Pasolini a proposito
del rapporto tra lingua e dialetti: se l'unità si sarebbe dovuta
realizzare dal basso, attraverso un'unificazione culturale delle
varie Italie e dei diversi dialetti, dunque attraverso un processo
di emancipazione civile e di riflesso linguistico, oppure se, come
è storicamente avvenuto, se la questione fosse destinata a resta-
re sostanzialmente irrisolta. Pasolini condivide la posizione di
De Mauro: l'unità linguistica si realizza con i dotti già a partire
dal Settecento, quando l'italiano diviene una lingua letteraria, e
ancora prima, con gli scritti scientifici di Galileo. Si tratta della
lingua di un'élite in primo luogo cosmopolita, e solo in seconda
istanza italiana. La successiva evoluzione della lingua, e dunque
il riflesso sull'unità della nazione che la lingua necessariamen-
te sottende, si compie tecnologicamente tramite l'unificazione
televisiva, vale a dire l'imposizione dall'alto di una *koinè* linguistica, di un modo di dire comune, indotta dalla classe governa-
trice, intellettuale e politica. La questione è rimasta sostanzialmente irrisolta, in quanto non si è verificata alcuna costruzione
culturale tramite un'emancipazione dal basso – nulla di simile

---

[205] P.P. Pasolini, *Sincerità ed altro*, "Vie nuove", n. 11, 15 marzo 1962, in *Saggi
sulla politica e sulla società*, cit., p. 995.

a quanto può essere riconosciuto a Montaigne, che già nel Cinquecento normalizza il francese, a Rabelais o a Shakespeare. In Italia Manzoni non è stato letto, all'epoca, da nessun operaio né da nessun artigiano, come era invece successo con i grandi romanzi francesi, con la grande letteratura popolare di Hugo e Balzac.

La mancata unità linguistica viene vista, nell'ottica della cultura democratica cui appartengono Devoto e Pasolini, come una mancata affermazione egemonica e democratica delle classi dirigenti. Ecco allora, anche da parte di Devoto (autore del più importante dizionario della lingua italiana), il rimpianto del dialetto, che resta una forma di espressione identificante, a differenza del gergale che è già un linguaggio "tecnico", "tecnocratico", proveniente dai mezzi di comunicazione di massa.

La risposta di Pasolini alla lettera di Gangemi è interessante, perché fa riferimento a una riflessione degli intellettuali del Nord Italia intorno a questi stessi temi.

> Che tutti siano poeti lo dimostra un recente libro [...] *Autobiografie della leggera*: una raccolta di quattro o cinque lunghi memoriali, in cui dei sottoproletari padani del principio del secolo narrano le loro vite [...] frammenti di pura poesia. [...]. E, gli autori non sono poeti: sono proprio delle povere creature qualunque, come se ne incontrano a centinaia di migliaia per le strade.[206]

La lingua in cui si esprimono queste persone non è prosaica, a differenza di quella comunemente utilizzata nel parlato. La poesia è un artificio tecnico, uno scarto rispetto alla lingua-istituto: diversamente, non sarebbe arte, bensì mimesi. È lo stesso motivo per cui Pasolini porta sul grande schermo attori che non sono professionisti, ma persone che realizzano se stesse nella vita. I protagonisti delle *Autobiografie della leggera* non sono poeti, e tuttavia usano una lingua "altra" rispetto a quella prosaica e tradizionale.

206 *Ibidem.*

Nel redigere questi memoriali, Montaldi li traduce in italiano dai diversi dialetti padani; si tratta dunque di una lingua irrisolta, che non è né dell'autore né dei parlanti: è un idioletto, nella terminologia di Barthes, che si può comprendere solo entrando nel meccanismo creativo che ne sta alla base, esclusivamente attraverso l'interpretazione. Questa per Pasolini è arte: l'unione di estetica e vita. Egli è l'ultimo dei grandi narratori, poeti, creati della spiritualità, in quanto l'arte non è che una manifestazione della spiritualità o della divinità che fa coincidere lavoro e vita. E un grande tema romantico: insieme ai sottoproletari Pasolini realizza una nuova arte, che non è quella dei poeti laureati né dei premi letterari, e che egli considera, in termini teologico-filosofici, il "pneuma" attraverso cui passa lo Spirito Assoluto. Si tratta della semplice filosofia di vita di quanti sono estranei al meccanismo capitalistico e isolati dall'industria culturale: i sottoproletari. È il percorso che Pasolini cerca di seguire in tutta la sua produzione artistica, nel cinema come in letteratura, dando voce a chi non ne ha, e potendo farlo perché possiede la cosiddetta "coscienza estetica", perché è un "poeta laureato" nella dizione montaliana.

> Io invece sarei "poeta" con tutte le carte in regola, con tutta la coscienza estetica del caso. [...] Nell'operazione stilistica c'è qualcosa che io non so spiegare, e devo ripiegare quindi alle tautologie dell'irrazionale [...]. Il bisogno ineliminabile e quasi "involontario" a essere sinceri.[207]

Il riferimento all'irrazionalità, intesa come bisogno di sincerità, esprime una rivolta contro il neorealismo, contro l'asservimento dell'arte alla politica: il lavoro poetico diviene un elemento di resistenza.

Le *Autobiografie della leggera*, in tale contesto, costituiscono un tassello nella costruzione di questa letteratura "altra", che

---

[207] *Ivi*, pp. 995-996.

faccia da ponte tra le classi subalterne e la letteratura dei dotti e mantenga al tempo stesso una propria autonomia espressiva e ideologica.

Pasolini continuerà a esprimere contenuti di opposizione fino alla fine della propria vita. L'elemento di resistenza nel lavoro poetico è una sorta di disegno utopico: autenticità, sincerità delle classi basse, riappropriazione continua di una cultura che si riproduca in contrapposizione a quella dell'industria culturale sono tutti stilemi narrativo-retorici che ritornano periodicamente nell'opera pasoliniana. La resistenza dei ceti popolari alla cultura di massa diventa una sorta di guida per l'intellettuale, rappresentando al contempo il rovesciamento di uno degli elementi fondamentali del marxismo. Per i marxisti, è l'intellettuale a guidare il popolo, cui egli guarda tuttavia con sospetto e profonda sfiducia. Il popolo rappresenta la maggioranza ed è per sua stessa natura permeabile alle pressioni dell'ambiente. Tutte le ideologie del cambiamento dell'esistente guardano con forte sospetto agli elementi popolari; basta leggere le poche parole che Robespierre o Saint-Just ci hanno lasciato in proposito: la borghesia stessa, quando si erge a classe rivoluzionaria, disprezza l'aristocrazia e i parlamenti, ma soprattutto il popolino.

Pasolini rovescia tale assunto: le masse, nel loro legame con l'autenticità e nel loro relazionarsi all'essere attraverso la riproduzione delle vecchie pratiche sociali, sono le più resistenti all'avvento del consumismo. Il poeta non invoca mai il socialismo o la rivoluzione comunista, e proprio per questo è stato definito – a ragione – un grande conservatore: non indica mai uno stato sociale alternativo, perché per lui essere alternativi significa semplicemente resistere alla modernizzazione. Questa libertà dalle ideologie rivoluzionarie gli concede sguardo olimpico, spietatamente lucido e in un certo senso obiettivo, sebbene costantemente rinfuocato dalla polemica nella polemica.

Tracce del suo orientamento si rinvengono ancora volta una nel *Sogno del centauro*, nell'intervista intitolata "Da un fascismo all'altro". Pasolini esordisce riprendendo alcune questioni classiche – la riproposizione della continuità tra repubblica democratica e fascismo, la mutazione culturale ecc. Per aprirsi però anche a tematiche nuove.

> Che ne è della resistenza dei ceti popolari alla cultura di massa? E della dinamica dal basso, e della speranza di cui l'Italia povera era depositaria fino agli anni Sessanta?[208]

Già alla fine degli anni Sessanta Pasolini ha perso molto del suo principio di speranza, iniziando la scalata verso la stagione della disperazione:

> Giorno dopo giorno, assistiamo ad un massacro sistematico degli antichi valori, dei valori positivi, originali... Ecco quello che abbiamo sotto gli occhi in questa società in via di livellamento.[209]

Un'affermazione, la sua, molto vicina al pensiero di Tocqueville.

Pasolini, che non condivide nulla della cultura socialdemocratica, è contrario all'uguaglianza intesa come livellamento, simile a quella diffusa nei paesi scandinavi e constatata di persona a Bologna, e parla di un livellamento materiale che si accompagna anche a un livellamento spirituale e sia frutto di un'omogeneizzazione della società. È quanto aveva già capito Tocqueville negli Stati Uniti, parlando di una democrazia intesa come sistema politico-sociale: governo dei molti al quale corrisponde un livellamento degli averi. *La democrazia in America* (1835-1840) non esamina solo le conquiste istituzionali, come il suffragio universale, ma anche l'accrescersi del benessere che, per il fatto stesso di espandersi, livella i mondi alveolari e particolari.

> Ormai la cultura popolare rientra nel campo dell'archeologia [il genocidio si è già compiuto, N.d.A.], ricoperta com'è dalla cultura che

---

208 P.P. Pasolini, "Da un fascismo all'altro", in *Il sogno del centauro*, cit., p. 1527.
209 *Ibidem.*

distillano direttamente gli imperativi del consumo delle merci. Tutti i valori legati alla Patria, alla Chiesa, o ai modi di vita agrari e proletari sono seppelliti; le uniche linee di demarcazione che sussistono più o meno artificialmente tra questi strati, in questo grande metamorfismo neocapitalistico, sono quelle determinate dalle opzioni politiche o piuttosto quelle simbolizzate dalla scelta dell'uno o dell'altro partito politico.[210]

Nonostante le differenze sociali persistano, esse non esistono più nella mente degli attori sociali in questo grande "metamorfismo neocapitalistico", dove predomina la non distintività. Pasolini definisce la società dei consumi dal punto di vista della coscienza dei soggetti: ognuno si presenta non per quello che è, ma per metamorfosi dell'esistente, per livellamento. È la vittoria dell'interclassismo, nel quale esiste sempre la dittatura del consumo. L'aumento del reddito è un fatto positivo in sé perché espande il mercato, offrendo alle masse la possibilità di accostarsi a beni di consumo cui, in precedenza, veniva loro negato l'accesso; e tuttavia, se avanza così rapidamente come ha descritto Pasolini, senza l'emancipazione dei nuovi entranti nei mercati (*new comers*), genera ben presto anche un livellamento culturale. Pasolini allarga questa riflessione alla politica: il metamorfismo finisce per distruggere gli stessi attori politico-culturali che hanno favorito la modernizzazione.

«Ma dov'è situata questa nuova potenza egemonica?»[211] chiede il giornalista. Risponde Pasolini:

Questo potere non è più quello del Vaticano, né quello della Democrazia cristiana e dei suoi notabili; non è nemmeno quello dell'esercito o della polizia, sebbene siano onnipresenti.[212]

Sia pure in questa prospettiva negativa, Pasolini coglie il fatto che il processo di modernizzazione, in Italia, è stato una realiz-

---

[210] *Ivi*, pp. 1527-1528.

[211] *Ivi*, p. 1529.

[212] *Ibidem*.

zazione precipua della classe politica. Nella storia italiana, tutti i grandi processi di svolta economica sono stati portati a compimento contro i poteri economici forti, grazie all'enorme potere di cui godeva la classe politica.[213]

Aggiunge Pasolini:

> Un potere che sfugge persino alla grande industria, dal momento che la transnazionalità dell'industria "nazionale" ha spostato i veri centri di decisione attinenti allo sviluppo, alla produzione, agli investimenti... Questo potere risiede nella totalizzazione stessa dei modelli industriali: come dire una sorta di conquista globale della mentalità tramite l'ossessione di produrre, di consumare, e di vivere di conseguenza.[214]

Egli intravede già una sorta di globalizzazione:

> Essendo un potere isterico, tende a massificare i comportamenti (essenzialmente il linguaggio del comportamento), a normalizzare gli spiriti con la semplificazione frenetica di tutti i codici, e specie con la "tecnicizzazione" del linguaggio verbale.[215]

---

213 Il trattato istitutivo della Comunità economica europea fu il frutto di una decisione della classe politica contro la Confindustria, poiché gli imprenditori erano contrari a uscire dalla serra del protezionismo garantita dall'autarchia fascista. Gli industriali italiani fecero scarso ricorso ai fondi erogati dal piano Marshall (1947-1948), perché erano interpreti di una linea di politica economica stagnazionistica e non auspicavano un grande sviluppo ma una linea salazariana di crescita lenta, temendo che l'industrializzazione portasse al conflitto sociale, e temendo, soprattutto, la competizione. Questa, che rappresenta una costante nel pensiero di gran parte degli imprenditori nel mondo, è stata però fortemente accentuata in Italia. Non a caso, molti industriali italiani erano contrari all'introduzione dell'euro, perché in questo modo cadevano le opportunità di ottenere vantaggi di competitività attraverso la svalutazione. La creazione dell'industria pubblica ha storicamente offerto beni strumentali a bassissimo prezzo alle piccole e medie imprese, grazie a decisioni eminentemente politico-partitiche. Da questo punto di vista, il potere era in mano alla classe politica dominante, anche a causa dell'assenza di altre classi dirigenti.

214 P.P. Pasolini, "Da un fascismo all'altro", cit., pp. 1529-1530.

215 *Ivi*, p. 1530.

Isteria, isteresi sono sintomi di un potere che tende a reiterare se stesso, e specialmente nei comportamenti, nel linguaggio del corpo: dal modo di vestire al taglio di capelli (si pensi ai famosi "capelloni"), la società tende a normalizzare gli spiriti attraverso la normalizzazione dei codici e dei comportamenti.[216] Ciò è evidente soprattutto nel linguaggio: tutti tendono a parlare nello stesso modo, semplificando. Non si dice più, infatti, "buon giorno", "buona sera", con la ricchezza e la precisione che queste espressioni contengono, ma "salve", espressione che introduce un appianamento, una semplificazione, un'omogeneizzazione. La sopra menzionata tecnicizzazione del linguaggio verbale è la quintessenza della razionalità tayloristica applicata al comportamento linguistico: poche espressioni uguali per tutti che cancellano lentamente i termini dialettali.

Pasolini capisce che l'industria culturale domina, massifica e semplifica. Egli intuisce dunque la verità, perché è un "pazzo" in senso greco, socratico, quindi "saggio". Le sue metafore, pur storiograficamente un po' superficiali e portate a volte all'eccesso, sono eccezionalmente utili per comprendere i processi di cambiamento. A proposito delle dittature, dice:

> Il fascismo storico era un potere fondato grossolanamente sull'iperbole, sul misticismo e il moralismo, sullo sfruttamento di diversi valori retorici: l'eroismo, il patriottismo, il culto della famiglia... Il nuovo fascismo invece è una potente astrazione, un pragmatismo che cancerizza l'intera società, un tumore centrale, maggioritario.[217]

È un potere fondato sulla magniloquenza: ne sono esempio i quartieri romani dell'Eur, del Coni, e tutte le città ricostruite sotto le dittature. Mosca è una città mesopotamica, come lo è oggi Pe-

---

216 Fonzie, per esempio, ha formato i ragazzi di tre generazioni, ben più di quanto abbia fatto l'università; il "fonzismo" si è diffuso ovunque: i comportamenti con le ragazze, il linguaggio corporeo, la parlata, sono tutti codici che si possono trasmettere solo con la televisione.
217 P.P. Pasolini, "Da un fascismo all'altro", cit., p. 1530.

chino; dietro i palazzi si sviluppano però sempre le baraccopoli. Il potere del fascismo era fondato anche sul "misticismo": la mimesi di certi valori non di massa assunti come segno di distintività e utilizzati dalla dittatura sotto la maschera dei valori cattolici tra cui per esempio il "moralismo", che si concretizzava nella repressione sessuale, utile a controllare l'istinto delle masse. Non esiste dittatura senza repressione sessuale, e soprattutto della devianza sessuale, dal nazismo al salazarismo, dalla Corea del Nord al Brasile.

Riferendosi alla società contemporanea Pasolini parla di "nuovo fascismo", da lui definito una "potente astrazione", vale a dire una metamorfizzazione neocapitalistica dell'esistente: di fronte al consumo siamo tutti uguali. Questa astrazione, nello stesso tempo, ha in sé un forte elemento di pragmaticità: è volta sempre al possesso.

> Questo fascismo è un po' la media delle aspirazioni nevrotiche di una società i cui elementi parossistici, i conformisti esemplari, sono gli estremisti che mettono le bombe e i *killers*.[218]

L'affermazione mescalinica spiega come anche l'isteresi e la nevrosi facciano parte della società del consumo. Gli estremisti e i terroristi colpevoli di attentati non rappresentano un'eccezione, bensì una componente stessa di questa nuova società, uno strumento per mantenere le masse immote attraverso la paura del ritorno a una forma di dittatura. Mentre si produce la metamorfosi neocapitalistica del consumo, in Italia si assiste anche a un uso del terrore finalizzato a tenere le classi a regime attraverso le stragi, il terrore, le bombe e i tentativi di colpo di stato. Le memorie di Edgardo Sogno (*Dalla Resistenza al Golpe bianco. Testamento di un anticomunista*) ne sono una testimonianza illuminante.

Alla domanda del giornalista, che vuole sapere se siano tutti coinvolti nel processo di fascistizzazione, Pasolini risponde:

---

218 *Ibidem.*

Ho violentemente urtato certe buone coscienze della sinistra quando ho detto che la responsabilità generale era implicata nelle stragi di Milano, del treno Italicus o di Brescia. Nel 1974, ho scritto sul "Corriere della Sera" che, per quanto i responsabili reali fossero il governo e la polizia che avevano programmato queste "stragi di Stato", i responsabili, per omissione, andavano cercati nientemeno che tra i progressisti, i democratici tra noi stessi che siamo ormai assuefatti all'indignazione. [...] Io ritengo che nulla è stato intrapreso contro l'irrazionalismo e la disperazione di una certa categoria di giovani, che nessun ideale di scambio è stato loro proposto, che ne valesse la pena. Dico che siamo tutti complici.[219]

Pasolini ritiene responsabili delle stragi non gli esecutori materiali, ma i progressisti, i democratici, addirittura, provocatoriamente, il perbenismo che considera il terrorismo un'eccezione, quando invece è il normale frutto dell'evolversi della nuova società.

A suo giudizio, l'omogeneizzazione è responsabile della caduta di tutti i valori morali. In questo modo si spiegano anche gli estremismi di destra, che egli inquadra nella crisi anomica complessiva. Anche la destra ha perso i valori tradizionali, ha finito per armarsi di un'ideologia, l'uso del terrore, che non le era mai appartenuta, nemmeno nella sua declinazione fascista che, per quanto violenta, non era mai giunta alla violenza di massa, allo sterminio o alla teorizzazione dell'antisemitismo, se non in punte minoritarie come Giovanni Preziosi. A poco a poco, nasce un estremismo di destra che fa proprie ideologie nate dalla disperazione. Pasolini critica lo sviluppo incompiuto dell'antifascismo, rimasto mera retorica, e proprio in questo senso intende che nulla è stato fatto e parla di complicità.

Naturalmente, anche i valori della sinistra vengono distrutti, come afferma Pasolini nell'intervista "Cambiare il cinema" contenuta nel *Sogno del centauro*, che apparentemente verte su temi molto lontani. Pasolini attacca il movimento di contestazione.

---

[219] *Ivi*, pp. 1530-1531.

Alla domanda dell'intervistatore: «Tra lei e questo movimento c'è stato scontro diretto?», risponde:

No, solo che il movimento di contestazione ha reso impossibile qualunque ricerca di carattere umanistico e scientifico.[220]

È la rivendicazione della cultura umanistica nel cinema.

In effetti, quegli studenti che si interessano all'arte (o protestano contro di essa) lo fanno da neozdanovisti, anche se non ne sono veramente consapevoli.[221]

Come abbiamo già visto, Pasolini vede nella poesia che proviene, epifanicamente, dal basso il vero elemento della resistenza: essa non dipende infatti dalla politica, ed è anzi prepolitica, non ha nulla a che vedere con il realismo. Chi si interessa di arte per mezzo della politica diventa un nuovo zdanovista, usa la politica per controllare e strumentalizzare l'arte e la letteratura.

"Strumentalizzano" l'arte, la letteratura, il cinema. Lo fanno da "moralisti". Il loro moralismo, d'altronde, è all'opposto di ciò che dovrebbe essere lo spirito critico e scientifico.[222]

Se, da un lato, esiste il conformismo dilagante e, dall'altro, la metamorfosi neocapitalistica, la risposta espressa dalla contestazione è anch'essa inficiata da elementi mitologici non umanistici e, anzi, viene addirittura distrutta dalla modernizzazione stessa, che produce mostri anche fra i suoi oppositori: questo, per Pasolini, è il culmine della disperazione.

Sottopongono il loro ragionamento ad un sentimento originario (piccolo-borghese), al sentimento cioè dell'utilitarismo.[223]

---

220 *Ibidem.*
221 *Ibidem.*
222 *Ibidem.*
223 *Ibidem.*

L'utilitarismo politico è la parola d'ordine del neocapitalismo. L'unica forma di razionalità è quella strumentale, che ha come obiettivo il raggiungimento di uno scopo. La produzione e il consumo sono vittime di una razionalità strumentale, come avrebbero detto Horkheimer e Adorno.

> Non avvertono quanto l'utilitarismo sia fondamentalmente borghese.[224]

Pasolini rivendica una libertà dell'arte e della poesia, con un esplicito richiamo all'elemento del dono e della gratuità dell'arte che stabilisce, al tempo stesso, un collegamento tra arte e vita: non tutto dev'essere sottoposto all'utilitarismo, alcuni momenti vanno strappati all'utilità diretta del mercato, come il buono, la gratuità, la solidarietà, il sogno.

> Porre il cinema esclusivamente sul piano dell'utilitarismo, dell'azione, come arma di lotta, invece di svilupparlo come poesia, ha dunque reso inutile ogni ricerca pura, scientifica ed estetica.[225]

Qui si chiarisce molto bene qual è il campo di azione di Pasolini contro la modernizzazione neo-consumistica. Più che di uno spazio politico, si tratta di uno spazio prepolitico, di uno spazio artistico. Forse il film che meglio ha espresso la critica alle pulsioni utilitaristiche dell'arte è *Uccellacci e uccellini*: significative sono, in questo senso, l'ostinazione a parlare con gli uccelli di Frate Ciccillo e la scena in cui egli distrugge tutte le bancarelle al tempio. Frate Ciccillo è un grande visionario, un utopista; non a caso lui e Ninetto Davoli si mangiano il corvo, che rappresenta la sinistra: non hanno bisogno di nessuno, si rivolgono solo a frate Francesco che illustra loro una condotta di vita, dà loro compiti non ideologici. La contestazione vera, secondo Pasolini, si esprime dunque in tutti quei comportamenti che si distaccano dalla morale corrente, dal conformismo, e che esprimono un

---

224 *Ibidem.*
225 *Ibidem.*

sentimento di amore e di semplicità. Tutto questo non è presente nel movimento di contestazione, che egli ritiene non già una rivolta contro il capitalismo, bensì, al contrario, l'avvento pieno della società neocapitalistica, per lo meno dal punto di vista del costume.

Seguendo il filo del ragionamento si giunge al testo intitolato "L'Apocalisse secondo Pasolini", dove "Apocalisse" va intesa nel senso di crisi epocale.

Il movimento di contestazione avrebbe dunque fatto cadere in disuso un certo linguaggio e certi metodi seri di analisi e di creazione?[226]

Risposta indiretta:

Questo movimento mi ha un po' spostato verso destra [...] Confesso di essere in crisi.[227]

La sinistra si schiera apertamente con il Sessantotto (salvo gli esponenti della sua élite illuminata, come Giorgio Amendola, Gerardo Chiaromonte, Silvio Leonardi) perché ha perso la cultura della classe dirigente.

La paura che Pasolini ha è quella di starsi imborghesendo egli stesso, di star facendo proprio un umorismo distaccato, venato di amarezza di stare diventando come il corvo di *Uccellacci e uccellini*: un essere separato dalla realtà, che non serve a nulla, che va mangiato.

Anche il popolo, d'altra parte, sta perdendo i suoi valori-guida ed è prossimo al distacco dal mondo, come i due frati del film, che vivono in un mondo vuoto, al pari di due stiliti.

Quand'è uscito *Teorema*, un critico romano ha sottolineato – ironicamente – la sua ossessione per la santità. Come la definisce, nella forma che assume in tanti dei suoi personaggi?[228]

226 P.P. Pasolini, "L'Apocalisse secondo Pasolini", cit., p. 1442.
227 *Ibidem.*
228 *Ivi*, p. 1444

La santità è un elemento di resistenza come la poesia, come l'autonomo controllo del proprio corpo (la verginità, l'autoconsapevolezza del consumo sessuale) e la non adesione conformistica ai modelli di comportamento:

> È un fatto ontologico; la grazia, il dono del sublime, lo si ha o lo si acquista [...] Dapprincipio, è un fatto meramente morale, la trasmutazione di se stesso in un senso idealistico, in altre parole la bontà, la sincerità, tutte le qualità morali portate al più alto grado di esaltazione. In seguito, la santità può prendere, col tempo, il senso del rifiuto del mondo, dell'ascesi, dell'esercizio della crudeltà nei propri confronti, della ricerca di un approfondimento irraggiungibile di sé.[229]

La vita deve essere non soltanto etica, ma idealistica, rivolta verso l'alto, verso una sublime vocazione alla perfezione. C'è qui un chiaro riferimento all'*Imitazione di Cristo*, testo mistico tardo-medievale, e dunque alla santità.

> E perché questo rifiuto del mondo? Un cristiano può trovare una speranza nella sua credenza nell'aldilà. Lei è ateo, non ha nient'altro che questa vita.[230]

> Anzitutto non sto parlando qui della mia santità, per ragioni ovvie; voglio parlare del clima famigliare in cui mi sono in parte imbevuto di questa nostalgia della santità religiosa.[231] Penso che i santi che faccio comparire in tanti miei film, e specie i due "martiri" di *Porcile*, possiedano una forma di santità mostruosa che non è altro che la perversione.[232]

C'è una santità che può arrivare alla deformazione, e che Pasolini rivela soprattutto nell'ultima parte della sua produzione, in film come *Porcile* o *Salò o le 120 giornate di Sodoma*.

---

[229] *Ibidem.*

[230] *Ivi*, p. 1445.

[231] Evidente risulta qui il rapporto con la madre, che compare come attrice anche nel *Vangelo secondo Matteo* nel panni della Vergine straziata dal dolore per la perdita del figlio.

[232] P.P. Pasolini, "L'Apocalisse secondo Pasolini", cit., p. 1445.

Pierre Clementi, nella prima parte [di *Porcile*, N.d.A.], fa l'esperienza di una santità assunta come [...] "contestazione globale"; J.-P. Léaud, invece, è il martire fatalista, un santo ambiguo.[233]

Cede cioè all'ideologia religiosa. «In effetti, tale rifiuto del mondo tende a identificarsi nei suoi film come il rifiuto del "consumo". L'analogia dei "porci" è chiaramente tendenziosa... In ultima analisi, che cosa fonda questa etica del rifiuto?» chiede l'intervistatore.

Forse, originariamente, questo rimpianto del passato. Ammetto pure che possa essere un sentimento conservatore, ma sono come sono. Ho del resto scritto nella poesia *Una disperata vitalità* che ero comunista perché ero conservatore.[234]

L'alternativa, puramente poetica, è il rimpianto del passato.

È una reazione sentimentale più che ideologica. Detesto tutto ciò che si attiene al "consumo", lo aborrisco nel senso fisico del termine.[235]

L'intellettuale che si esprime in questi termini ricorda *Otto e mezzo*, un'opera di Fellini su un film che non si riesce mai a girare, la storia di una crisi. Mastroianni, nel ruolo del regista protagonista, non è in grado né di amare la moglie, Anouk Aimée, bella e colta, desiderando invece la quintessenza della perversione e della volgarità incarnata in Sandra Milo, né di realizzare un grande film che passi alla storia. A indicargli una via da seguire è un cardinale che Guido-Mastroianni va a trovare in un momento di forte disperazione, il quale si rivela uomo di grande cultura citandogli il richiamo alla morte e gli suggerisce di non girare nessun film. (Non sempre è necessario creare: è l'insegnamento della Chiesa custode del pneuma, della gnosi, che invita a tacere quando non c'è nulla da dire.) C'è poi un intellettuale che lo segue sempre, e che dovrebbe rivelargli i contenuti del film da realizzare, ma che ancora una

---

233 *Ibidem.*
234 *Ibidem.*
235 *Ibidem.*

volta è simile al corvo di *Uccellacci e uccellini*. Così, quando non riesce a parlare ai giornalisti durante la conferenza stampa e si nasconde sotto il tavolo, Fellini afferma che il regista può parlare solo per se stesso, perché non riesce più a comunicare. Anche Pasolini, nella pragmaticità, non comunica più nulla alla politica. Ciò che può dire, lo esprime solo nell'arte. Ecco perché il cinema, inteso come arte e dunque estraneo al mercato, è l'unico mezzo attraverso cui Pasolini sente fino alla fine di poter continuare a esporsi. Il cinema crea una dimensione che, attraverso l'arte, va oltre il consumo. L'arte vive nel mercato ma non gli appartiene: per entrare al cinema si paga il biglietto, ma la spiritualità che si trae dalla visione è sottratta al meccanismo di mercato.

> Sono ben consapevole di partecipare all'usufrutto di questa società produttrice di beni di consumo. Oggettivamente, vi aderisco. Ma, ripeto, l'importante è la presenza in me di questo disgusto.[236]

Pasolini vuole salvare se stesso, consapevole com'è di partecipare alla società consumistica, ma di distanziarsene attraverso l'opera artistica. Il giornalista gli chiede: «Il suo rifiuto riguarda i "prodotti" culturali destinati alle masse, più che i beni di consumo correnti e i servizi funzionali che possono rendere?».[237] Risponde Pasolini:

> I mezzi di per sé non sono nulla. Sono strumenti neutri. Ma appena se ne impadroniscono i mediatori della "cultura di massa", ecco [...] se ne fanno delle "divinità" al servizio del culto del Potere o del Denaro.[238]

Oggi si può solo sperare che i mezzi di comunicazione di massa diventino strumenti individualmente utilizzabili e che, grazie alla tecnologia informatica, si convertano in dispositivi di relazionalità, consentendo per esempio un uso interattivo della televisione, come potrebbe essere il fatto di assistere a una conferenza da casa. Ciò potrebbe rappresentare un elemento di

[236] *Ivi*, p. 1446.
[237] *Ibidem*.
[238] *Ibidem*.

grande progresso, per di più se si considera che il consumatore influisce in misura sempre maggiore sull'offerta di servizi e di prodotti, determinando l'orientamento della produzione. Oggi ci troviamo di fronte a una sottrazione di potere ai centri di controllo o, almeno, alla possibilità di una tale sottrazione.

3.2 Pasolini e il cattolicesimo

In tutta la sua produzione, anche in quella cinematografica, Pasolini porta avanti un rapporto intenso con la chiesa cattolica. L'interlocutore ideale della sua riflessione è Paolo VI, che, con Benedetto XV, può considerarsi il papa più drammatico del Novecento. Se quest'ultimo aveva evidenziato tale drammaticità di fronte all'"inutile strage" della prima guerra mondiale, Paolo VI è l'intellettuale che, divenuto papa, meglio esprime la tragica situazione della Chiesa di fronte alla modernizzazione: è il papa del dubbio, il papa non già del dogma, ma della costante interrogazione, della grazia donata da Dio, non già frutto della conquista umana, che si muove dunque all'interno di un orizzonte teologico e culturale profondamente diverso da quello in cui credenti e non-credenti sono immersi oggi.

È un interlocutore appropriato per il dubbio di Pasolini, con cui condivide molti interrogativi. Un interlocutore di cui Pasolini, come si capisce dall'articolo apparso sul "Corriere della Sera" con il titolo *I dilemmi di un papa, oggi*, riconosce il tentativo di intercettare la modernità, di interpretarla, ma che nello stesso tempo non riesce, a suo giudizio, a rinnovare l'elemento della fede, ben più intimo e molto diverso rispetto alla religiosità.

> Papa Paolo VI con in testa una corona di penne Sioux circondato da un gruppetto di "Pellerossa" in costumi tradizionali. [...] Ma: non esiste incoerenza. [...] Egli ha [...] pronunciato un discorso che io non esiterei, con la solennità dovuta, a dichiarare storico.[239]

---

[239] P.P. Pasolini, "22 settembre 1974. Lo storico discorsetto di Castelgandolfo", in *Scritti corsari*, cit., p. 350.

Pasolini non entra immediatamente nella questione del rapporto Chiesa-modernità, ma si richiama anzitutto all'elemento simbolico: il papa che si veste delle penne di un'altra religione, o meglio, di un mondo culturale e di una civiltà diversi dai suoi. Questo atto simbolico rappresenta agli occhi di Pasolini il destino del papa ed esprime il drammatico momento storico in cui è immersa la chiesa cattolica occidentale. Qual è la ragione del ricorso alle altre culture? Per Pasolini non si tratta dell'ampliamento della sfera egemonica della Chiesa, dal punto di vista liturgico o confessionale, ma di qualcosa di più tragico: ci si richiama a un'altra tradizione culturale perché si viene lentamente espulsi da quella in cui si è nati.

> Paolo VI ha ammesso infatti esplicitamente che la Chiesa è stata superata dal mondo; che il ruolo della Chiesa è divenuto di colpo incerto e superfluo; che il Potere reale non ha più bisogno della Chiesa, e l'abbandona quindi a se stessa; che i problemi sociali vengono risolti all'interno di una società in cui la Chiesa non ha più prestigio; che non esiste più il problema dei "poveri", cioè il problema principe della Chiesa [...] A dir la verità non è la prima volta che Paolo VI è sincero. [...] Le encicliche "storiche" di Paolo VI, poi, erano sempre frutto di un compromesso, fra l'angoscia del Papa e la diplomazia vaticana.[240]

Poiché non è più possibile frenare la modernizzazione e l'edonismo, dal momento che la società non riconosce più il problema centrale della povertà e della disuguaglianza si cercano nuovi interpreti della grazia: gli appartenenti ad altre culture.[241] Il compromesso è tra la diplomazia vaticana, che risponde alla crisi della Chiesa adeguandosi alla modernizzazione e vestendo dunque il papa di piume, e il papa stesso, che attraverso questo drammatico gesto perde tutta la sua aura di sacralità.

---

[240] *Ivi*, p. 351.

[241] Un fenomeno divenuto oggi estremamente comune: la maggior parte dei credenti è latino-americana o africana, culture portatrici del maggior numero di vocazioni.

Pasolini scrive sul cattolicesimo in un momento di notevole importanza storica, segnato dall'inizio dell'apertura alle ideologie progressiste grazie alle encicliche di Paolo VI, per esempio la *Populorum progressio*.

> Le encicliche storiche di Paolo VI poi, erano sempre frutto di un compromesso, fra l'angoscia del Papa e la diplomazia vaticana: compromesso che non lasciava mai capire se tali encicliche fossero un progresso o un regresso rispetto a quelle di Giovanni XXIII. Un Papa profondamente impulsivo e sincero come Paolo VI aveva finito con l'apparire, per definizione, ambiguo e insincero. Ora di colpo è venuta fuori tutta la sua sincerità, in una chiarezza quasi scandalosa. Come e perché? Non è difficile rispondere: per la prima volta Paolo VI ha fatto ciò che faceva normalmente Giovanni XXIII.[242]

Giovanni XXIII non era un intellettuale di professione, bensì un uomo colto, un grande diplomatico del Vaticano che sapeva ancora esprimersi con la grazia, l'immediatezza dei fanciulli, molto simile in questo alle "stigmate della santità", di cui Pasolini parlava nei suoi scritti. Paolo VI, invece, era papa all'interno di una profonda cultura, storica, umanistica.

> Egli ha spiegato la situazione della Chiesa ricorrendo a una logica, a una cultura, a una problematica non ecclesiastica: anzi, esterna alla Chiesa; quella del mondo laico, razionalista, magari socialista – sia pure ridotto e anestetizzato attraverso la sociologia.[243]

È un'annotazione molto interessante, perché giudica quella del papa un'analisi che non diventa pratica sociale, non si ferma al mondo, non l'attivizza, non induce il cambiamento.

> Un fulmineo sguardo dato alla Chiesa "dal di fuori" è bastato a Paolo VI a capirne la reale situazione storica: situazione storica che rivissuta poi "dal di dentro" è risultata tragica. [...] Tali ammissioni infatti delineano la fine della Chiesa, o almeno la fine del ruolo tradizionale

---

[242] P.P. Pasolini, "22 settembre 1974. Lo storico discorsetto di Castelgandolfo", cit., p. 351.

[243] *Ivi*, pp. 351-352.

della Chiesa durato ininterrottamente duemila anni. [...]. È su tutta la drammatica situazione della Chiesa che egli si dimostra del tutto irrazionale (cioè ancora una volta, in altro modo, sincero). La soluzione infatti che egli propone è "pregare", il che significa che dopo aver analizzato la situazione della Chiesa "dal di fuori", e averne intuito la tragicità, la soluzione che egli propone è riformulata "dal di dentro".[244]

In che cosa consisteva questa tragicità per Pasolini?

A parte il fatto che se il mondo ha superato la Chiesa (in termini ancora più totali e decisivi di quanto abbia dimostrato il *referendum* [sul divorzio, N.d.A.]), è chiaro che tale mondo, appunto non "prega" più. Quindi la Chiesa è ridotta a "pregare" per se stessa.[245]

Pasolini intuisce la fine del sacro come dimensione di massa, come pratica devozionale, interiore, e non come pratica religiosa: tant'è vero che oggi all'interno della Chiesa non si prega più nell'intimo, ma la preghiera ha assunto una forma collettiva, divenendo dunque pratica religiosa. La scomparsa della preghiera è una rivoluzione copernicana. Prima era sempre il mondo a pregare per la Chiesa (anche nella liturgia della messa si prega per i pastori, per il papa, per i sacerdoti e quindi anche per la salvezza della Chiesa), mentre ora il mondo non prega più, e tocca alla Chiesa supplire a tale carenza.

Pasolini interpreta la dimensione della tragicità spirituale di Paolo VI:

Così Paolo VI, dopo aver denunciato, con drammatica e scandalosa sincerità il pericolo della fine della Chiesa, non dà alcuna soluzione o indicazione per affrontarlo.[246]

La dimensione tragica caratterizzerà Paolo VI fino all'ultimo, fino alla morte, non a caso sopravvenuta per crepacuore dopo l'omicidio di Moro: il papa non regge al dolore inflitto alla ci-

244 *Ivi*, p. 352.
245 *Ivi*, pp. 352-353.
246 *Ivi*, p. 353.

viltà e alla chiesa cattolica stessa con quell'assassinio compiuto delle Brigate Rosse. Paolo VI, però, non ha mai indicato una soluzione alla crisi del sacro, se non la fede e la preghiera. Non ha reagito alla crisi della Chiesa causata dalla modernizzazione utilizzando i mezzi propri della modernizzazione, come sarebbe invece avvenuto in seguito, con grandi adunate e grandi spettacoli massmediatici.

Forse perché non esiste possibilità di soluzione? – si chiede Pasolini –. Forse perché la fine della Chiesa è ormai inevitabile a causa del "tradimento" di milioni e milioni di fedeli (soprattutto contadini, convertiti al laicismo e all'edonismo consumistico) e della "decisione" del potere [tecnologico, oscuro, N.d.A.], che ormai è sicuro, appunto, di tenere in pugno quegli ex fedeli attraverso il benessere e soprattutto attraverso l'ideologia imposta loro senza nemmeno il bisogno di nominarla?[247]

Tutta la riflessione si cristallizza qui sull'elemento del sacro. Non c'è più bisogno della morale vittoriana. L'alleanza capitalismo-borghesia-chiesa cattolica non deve più esistere, anzi è di ostacolo all'inveramento dell'accumulazione.

Questo è certo: che se molte e gravi sono state le colpe della Chiesa nella sua lunga storia di potere, la più grave di tutte sarebbe quella di accettare *passivamente* la propria liquidazione da parte di un potere che se la ride del Vangelo. In una prospettiva radicale, forse utopistica, o, è il caso di dirlo, millenaristica, è chiaro dunque ciò che la Chiesa dovrebbe fare per evitare una fine ingloriosa. Essa dovrebbe *passare all'opposizione*. E, per passare all'opposizione, dovrebbe prima di tutto negare se stessa. Dovrebbe passare all'opposizione contro un potere che l'ha così cinicamente abbandonata, progettando, senza tante storie, di ridurla a puro folclore. [...] Riprendendo una lotta che è peraltro nelle sue tradizioni (la lotta del Papato pero), ma non per la conquista del potere, la Chiesa potrebbe essere la guida, grandiosa ma non autoritaria, di tutti coloro che rifiutano (e parla un marxista proprio in quanto marxista [dà un valore emblematico al termine, ma non epistemologico, N.d.A.]) il nuovo potere consumistico che è completamente irreligioso [...]. È questo rifiuto che potrebbe sim-

---

247 *Ibidem.*

boleggiare la Chiesa: ritornando alle origini, cioè all'opposizione e alla rivolta. O fare questo o accettare un potere che non la vuole più: ossia suicidarsi.[248]

Si legge in queste considerazioni la continuità con l'intera produzione filmica di Pasolini. Il Cristo del *Vangelo secondo Matteo* sembra tratto dai libri degli storici del cattolicesimo francese degli anni Venti e Trenta: è il Cristo delle prime comunità cristiane, di quelle africane per esempio. È un Cristo che viene ancora prima di Paolo, prima dell'ellenizzazione che ha significato in un certo senso l'estetizzazione e la riduzione conformista del messaggio di Cristo. È un Cristo radicalmente altro anche rispetto alla società ebraica, perfino a quella dei farisei, la parte più evoluta e antidogmatica delle sette ebraiche, che aveva alle spalle un pensiero giudaico molto avanzato nonché molto vicino a quello cristiano. Quella di Pasolini è una Chiesa che si oppone al potere dei sacerdoti farisei e nello stesso tempo alla dominazione romana. Lo stesso messaggio verrà riproposto in *Uccellacci e uccellini*, in cui la religiosità non esiste, e non esiste dunque una fede istituzionalizzata, ma una manifestazione spirituale di cui fa parte la povertà.

A determinare il definitivo collasso del potere morale e spirituale della Chiesa è stata la trasformazione sociale dei livelli di reddito, perché il benessere distrugge naturalmente il sacro: a emergere qui è il Pasolini più manifestamente reazionario.

Oggi sta prendendo piede una diversa concezione. Paradossalmente, sono proprio l'eccessivo benessere e la prosperità a determinare un bisogno di sacro. Nel 1974 Pasolini vedeva la modernizzazione e il benessere distruggere il sacro; trent'anni più tardi, nell'era del web e della globalizzazione, noi assumiamo la prospettiva opposta.

L'aspetto più interessante messo in luce da Pasolini, e che costituisce un tema classico dell'analisi sociale oggi dimenticato, è

---

[248] *Ivi*, pp. 353-354.

quello relativo agli effetti contro-intuitivi della storia o delle trasformazioni sociali, ossia alle conseguenze impreviste delle azioni sociali intraprese in maniera razionale. Ne parla qui specificamente in relazione al rapporto tra Chiesa e modernizzazione:

Uno dei più potenti strumenti del nuovo potere è la televisione. La Chiesa finora questo non lo ha capito. Anzi, penosamente, ha creduto che la televisione fosse un *suo* strumento di potere. E infatti la censura della televisione è stata una censura vaticana, non c'è dubbio. Non solo, ma la televisione faceva una continua *réclame* della Chiesa. [...]. La *réclame* fatta alla Chiesa era antiquata ed inefficace, puramente verbale: e troppo esplicita, troppo pesantemente esplicita. Un vero disastro in confronto alla *réclame* non verbale, e meravigliosamente lieve, fatta ai prodotti e all'ideologia consumistica, col suo edonismo perfettamente irreligioso (macché sacrificio, macché fede, macché ascetismo, macché buoni sentimenti, macché risparmio, macché severità nei consumi ecc. ecc.).[249]

L'idea di fede di Pasolini coincide con quella della civiltà contadina, e si sintetizza nella tragica frase del Vangelo "è più facile che un cammello passi per la cruna di un ago che un ricco nel regno dei cieli": in altre parole, la fede convive con il sacrificio, con l'ascetismo, con i buoni sentimenti, con la severità dei costumi.

La Chiesa contadina è stata messa in crisi dall'edonismo e dalla morale di sostegno diffusasi con l'edonismo e con il consumismo, alla quale essa non ha saputo opporre una morale diversa che contrastasse la diffusione massiccia del nuovo sistema di valori.

Ora, la Chiesa dovrebbe continuare ad accettare una televisione simile? Cioè uno strumento della cultura di massa appartenente a quel nuovo potere che "non sa più cosa farsene della Chiesa"? Non dovrebbe, invece, attaccarla violentemente con furia paolina, proprio per la sua *reale irreligiosità*, cinicamente corretta da un vuoto clericalismo?[250]

249 *Ivi*, p. 354.
250 *Ivi*, pp. 354-355.

Il clericalismo è inteso qui come manifestazione formale di religiosità, cinica ricerca del potere, alleanza senza principi con chiunque lo detenga. La furia paolina, invece, è l'etica della convinzione, non della responsabilità che – secondo la distinzione weberiana – si pone il problema delle conseguenze delle proprie azioni sulla società –, ma della convinzione di chi, poiché difende valori assoluti, li difende in maniera assoluta.

> Naturalmente si annuncia invece un grande exploit televisivo proprio per l'inaugurazione dell'Anno Santo.[251]

Sono eventi a cui abbiamo assistito anche recentemente con il Giubileo del 2000, uno degli show massmediatici di maggior impatto degli ultimi anni.

> Ebbene, sia chiaro per gli uomini religiosi che queste manifestazioni pomposamente teletrasmesse, saranno delle grandi e vuote manifestazioni folcloristiche, inutili ormai politicamente anche alla destra più tradizionale. [...] Ma in definitiva il dilemma oggi è questo: o la Chiesa fa propria la traumatizzante maschera del Paolo VI folcloristico che "gioca" con la tragedia [cioè si lascia da essa distruggere, secondo questa interpretazione, N.d.A.] o fa propria la tragica sincerità del Paolo VI che annuncia temerariamente la sua fine.[252]

L'articolo di Pasolini esprime pienamente la drammaticità e la problematicità della sua posizione rispetto alla chiesa cattolica. In alcuni suoi scritti – per esempio la risposta alla lettera su "Vie nuove" in cui gli si chiedeva di raccontare il proprio percorso di vita – emerge, tra l'altro, il legame fortissimo tra la sua concezione della religiosità contadina e la figura della madre. L'elemento della fine dell'antica religiosità, «della funzione del prete in un mondo agricolo in completo abbandono»,[253] si collega quindi anche all'esperienza personale del poeta, alla sua vita tragica.

---

251 *Ivi*, p. 355.
252 *Ibidem.*
253 *Ibidem.*

"L'Osservatore Romano" risponderà al suo articolo apparso sul "Corriere della Sera": proprio dalla polemica pasoliniana con questo giornale possono trarsi ulteriori considerazioni sul rapporto tra Chiesa e modernizzazione.

La seconda novità religiosa che si prospetta per il futuro è la seguente. Fino ad oggi la Chiesa è stata la Chiesa di un universo contadino, il quale ha tolto al cristianesimo il suo solo momento originale rispetto a tutte le altre religioni, cioè Cristo. Nell'universo contadino Cristo è stato assimilato a uno dei mille adoni o delle mille proserpine esistenti: i quali ignoravano il tempo reale, cioè la storia. Il tempo degli dèi agricoli simili a Cristo era un tempo "sacro" o "liturgico" di cui valeva la ciclicità, l'eterno ritorno.[254]

Pasolini rielabora qui l'etnologia demartiniana, e in particolare le opere sulle pratiche liturgiche analizzate contestualmente a quelle demonologiche. Il pianto funebre, gli altari casalinghi, l'organizzazione delle feste sono tutte pratiche legate a radici pagane che corrompono il cristianesimo imposto dalla Chiesa.

Al contrario, Cristo ha accettato il tempo "unilineare", cioè quella che noi chiamiamo storia. Egli ha rotto la struttura circolare delle vecchie religioni: e ha parlato di un "fine", non di un "ritorno".[255]

Il fine è la resurrezione della carne, ossia la realizzazione di un ordine perfetto divino e terreno insieme.

La predicazione di Cristo non ha avuto molto peso.[256]

Uno dei pochi capolavori del Novecento storiografico italiano, *Vescovi, popolo e magia nel Sud* di De Rosa, spiega proprio la difficile penetrazione della figura di Cristo nel Meridione d'Italia. Fallisce anche la politica dalla Controriforma rivolta alla cristianizzazione delle plebi contadine, come è evidente nelle testimonianze lasciate dai parroci. I contadini del Sud continuano

---

254 P.P. Pasolini, "6 ottobre 1974. "Nuove prospettive storiche: la Chiesa è inutile al potere", in *Scritti corsari*, cit., pp. 359-360.

255 *Ivi*, p. 360.

256 *Ibidem*.

ancora oggi ad attuare pratiche simili. A Pantelleria, pur essendosi sviluppata una forma di turismo che ha portato un certo grado di modernizzazione e di benessere, quando muore un figlio o una figlia, gli abitanti, soprattutto gli anziani, continuano a costruire gli altari in casa e si recano in chiesa solo dopo svariati mesi. È un esempio tipico del culto pagano dei morti. Nei manuali della Controriforma della fine del Seicento e degli inizi del Settecento, la prima indicazione data ai parroci è quella di introdurre la cultura dei morti all'interno della chiesa e della liturgia, estirpandola dalla famiglia contadina. Il potere della gerarchia ecclesiastica difficilmente avrebbe potuto affermarsi senza questo cambiamento di mentalità. La mediazione escatologica davanti alla morte, tra Dio e la famiglia del defunto, veniva affidata a quest'ultima e alle sue pratiche religiose anziché al clero.

> Solo le *élites* veramente religiose della classe dominante hanno capito per secoli il vero senso di Cristo. Ma la Chiesa, che era la Chiesa ufficiale della classe dominante, ha sempre accettato l'equivoco: essa non poteva resistere al di fuori delle masse contadine.[257]

Questo spiega perché la Chiesa abbia cercato di estirpare simili pratiche, sebbene gli scarsi risultati ottenuti abbiano portato a una convivenza forzata.

> Ora, di colpo, la campagna ha cessato di essere religiosa. Ma, in compenso, comincia a essere religiosa la città.[258]

È una conferma di quanto accennavamo sopra: la rinascita dell'esigenza del sacro a causa dell'eccesso di merci.

> Il cristianesimo da agricolo si fa urbano: caratteristica di tutte le religioni urbane – e quindi delle *élites* delle classi dominanti – è la sostituzione (cristiana) del fine al ritorno: del misticismo soteriologico alla *pietas* rustica.[259]

---

257 *Ibidem.*
258 *Ibidem.*
259 *Ibidem.*

Pasolini ritiene che solo le classi dominanti, ossia i colti, possiedano una religiosità alta, teologicamente consistente e assiologicamente fondata. La *pietas* rustica si realizzava attraverso la riattualizzazione continua, la trasmissione per via esclusivamente orale di tradizioni millenarie. La religiosità era qualcosa che si fissava nel tempo e che continuava a sussistere al di là della stratificazione ecclesiale: la Chiesa scendeva a patti con le masse contadine. Nel processo di urbanizzazione le élite dominanti intellettuali si impossessano della religione e sostituiscono alla *pietas* rustica, alla religione dell'eterno ritorno, della ciclicità, il misticismo soteriologico, la cristologia. Si liberano cioè delle incrostazioni pagane, elaborano una teologia della salvezza, come già aveva capito Weber parlando della nascita delle teodicee nelle città. Alcune élite intellettuali possono pensare la salvezza al di fuori dell'immediatezza del proprio mondo vitale, possono cioè creare un progetto dell'uomo verso Dio. Si distaccano dalla natura e diventano cultura.

> Una religione urbana, come schema, è infinitamente più capace di accogliere il modello di Cristo che qualsiasi religione contadina. Il consumismo e la proliferazione delle industrie terziarie[260] ha distrutto in Italia il mondo campestre e sta distruggendolo in tutto il mondo (il futuro dell'agricoltura è anch'esso industriale).[261]

Con il progressivo avanzare delle società verso l'industrializzazione o la neo-industrializzazione, diminuisce il numero dei contadini.

> Non ci saranno dunque più preti, o, se ci saranno, saranno idealmente nati in città.[262]

Emerge qui la visione che Pasolini ha del futuro:

---

[260] Ossia quelle alimentari: non è una definizione da economista.

[261] P.P. Pasolini, "6 ottobre 1974. Nuove prospettive storiche: la Chiesa è inutile al potere", cit., pp. 360-361.

[262] *Ivi*, p. 361.

Ma questi preti "nati in città", evidentemente, [...] non potranno che essere degli uomini. [...] Se vuole sopravvivere in quanto Chiesa, la Chiesa non può dunque che abbandonare il potere e abbracciare quella cultura – da lei sempre odiata – che è per sua stessa natura libera, antiautoritaria, in continuo divenire, contraddittoria, collettiva, scandalosa.[263]

È una sorta di visione utopica, in cui Pasolini delinea la rinascita del sacro in condizioni di urbanizzazione edonistica, e in cui però la sacralità è affidata a minoranze intellettuali e illuminate. Il sacro si distanzia progressivamente dalla religione, che a sua volta si avvicina invece sempre più a forme settarie di preghiera collettiva, inizialmente diffusesi negli Stati Uniti ma oggi largamente presenti anche in America Latina e in Europa.

È proprio detto che la Chiesa debba coincidere con il Vaticano? Se [...] il Papa andasse a sistemarsi in *clergyman*, con i suoi collaboratori, in qualche scantinato di Tormarancio o del Tuscolano, non lontano dalle catacombe di San Damiano o di Santa Priscilla, la Chiesa cesserebbe forse di essere la Chiesa?

Pasolini immagina una lotta della Chiesa contro il potere, un esito positivo che ha tuttavia in sé un forte elemento drammatico, perché si tratta di una resistenza di minoranza, che non consentirà la salvezza della Chiesa.[264]

La "maggioranza" della Chiesa è invece descritta in "25 gennaio 1975. L'ignoranza vaticana come paradigma dell'ignoranza della borghesia italiana", forse uno dei suoi ultimi scritti, pubblicato su "Epoca" nell'ambito di un'inchiesta sulla Dc e gli intellettuali. L'elemento di fondo presente in questo articolo è il giudizio espresso da Pasolini sull'impossibilità per il mondo vaticano di interpretare un rinnovamento cristologico proprio quando, paradossalmente, l'urbanizzazione gliene offrirebbe la possibilità.

263 *Ibidem.*
264 *Ibidem.*

> Piccola borghesia e mondo contadino religioso erano fino a ieri un mondo unico. [...] La morale era unica; e così anche la retorica. [...] L'ambivalenza di tali "valori" ha prodotto un mondo buono e insieme cattivo.

> Nei loro contesti culturali concreti, infatti, tali "valori" erano positivi, o, almeno, reali; strappati al loro contesto e fatti divenire con la forza "nazionali", essi si sono presentati come negativi: cioè retorici e repressivi.[265]

I "valori" delimitavano un'esperienza vitale, del mondo, conservavano e fissavano le culture tradizionali.

> Tutti i "valori" reali (popolari e anche borghesi) su cui si erano fondati i precedenti poteri statali, sono [...] crollati, trascinando nel loro crollo i valori "falsi" di quei poteri.[266]

In questo suo contributo, Pasolini individua le ragioni del crollo della Chiesa e preconizza in modo implicito, attraverso il rifiuto della cultura moderna, quello della Democrazia cristiana.

> Infine, in quanto partito espresso dalla piccolo-borghesia, la Democrazia Cristiana non poteva che nutrire un profondo e immedicabile disprezzo per la cultura: per la piccola borghesia (anche nelle sue aberrazioni "rosse") la cultura è sempre "culturame".[267]

La categoria dello spirito incarnata per Pasolini nel piccolo-borghese non è una categoria sociologica, ma indica coloro che vivono la distruzione della ragione, cioè del senso comune, del conformismo,. coloro che sono privi di utopia.

> Il primato è, moralisticamente, dell'azione. Chi pensa è reo. Gli intellettuali, essendo depositari di alcune verità (sia pur magari contraddittorie) che la piccola borghesia sospetta essere quelle vere, devono venire almeno moralmente eliminati.[268]

Il crollo etico e spirituale della Chiesa è stato, a suo giudizio, anche un crollo di cultura. Proprio per questa ragione le élite ur-

---

[265] P.P. Pasolini, "25 gennaio 1975. L'ignoranza vaticana come paradigma dell'ignoranza della borghesia italiana", in *Scritti corsari*, cit., p. 368.

[266] *Ivi*, p. 369.

[267] *Ivi*, p. 370.

[268] *Ibidem*.

bane sorte nella crescente urbanizzazione saranno sempre minoritarie. Anche questo elemento di riflessione cortocircuita con la
rottura del rapporto tra intellettuali e popolo, che vale anche per
l'universo cattolico.

La nuova Chiesa auspicata da Pasolini, capace di dare risposta
alla modernizzazione in modo evangelico, rientrando non già nella dimensione della religione, bensì della fede, è privata quindi del
contatto con le grandi masse. Sono tematiche proprie anche di altri
pensatori, lontani dall'universo pasoliniano. Negli scritti di Simone
Weil, per esempio, grande mistica tesa alla ricerca di Dio e del cristianesimo, risuonano molti accenni a temi vicini a quelli pasoliniani, che spiegano bene cosa intendesse Pasolini per eclissi del sacro. In
una sua lettera del 1942, nel pieno della bufera della seconda guerra
mondiale, Simone Weil descrive molto bene questa visione:

> Viviamo in un'epoca che non ha precedenti e nella situazione presen-
> te l'universalità, che un tempo poteva essere implicita, deve ora essere
> totalmente esplicita. Il linguaggio e tutto il modo d'essere ne devono
> essere impregnati. Oggi non è sufficiente essere santo. È necessaria la
> santità che il momento presente esige, una santità nuova, anch'essa sen-
> za precedenti [...]. Un nuovo tipo di santità è qualcosa che scaturisce
> d'improvviso, un'invenzione. Fatte le debite proporzioni, mantenen-
> do ogni cosa al proprio posto è quasi un fatto analogo ad una nuova
> rivelazione dell'universo e del destino umano. Significa mettere a nudo
> una larga porzione di verità e di bellezza sino ad ora nascosta sotto uno
> spesso strato di polvere. Esige più genio di quanto sia occorso ad Archi-
> mede per inventare la meccanica e la fisica. Una santità nuova è un'in-
> venzione più prodigiosa [...]. Per uno strano rivolgimento il pensiero
> della collera di Dio non suscita in me che amore, invece è il pensiero
> del possibile favore di Dio e della sua misericordia che desta in me una
> specie di timore e mi fa tremare [...]. Ma chissà se quelli che sono in
> me non siano destinati almeno in parte ad essermi di qualche utilità.
> Essi non possono essere destinati se non a qualcuno che abbia un po' di
> amicizia per me e amicizia vera, per gli altri infatti si può dire che non
> esisto, sono color foglia morta come certi insetti.[269]

---

[269] S. Weil, *Attesa di Dio. Obbedire al tempo*, prefazione di L. Boella, Rusconi,
Milano 1988, pp. 69-71.

Si tratta della testimonianza di fede di una persona non cattolica, che custodisce in sé l'idea di spiritualità propria anche di Pasolini, ossia l'emersione del sacro proveniente da una spinta di tipo personale; con una differenza, però: Pasolini la attribuisce unicamente alla spontaneità del mondo contadino, depositario e portatore della tradizione. All'interno della modernizzazione, della società dei consumi, del mercato dispiegato, il sacro è una conquista che passa anche attraverso la ragione. È una prodigiosa invenzione, e come tale non può più essere lasciata alla tradizione, in quanto costituisce un'innovazione: la tradizione, infatti, è stata distrutta, e oggi non esiste più la cultura orale, ma una cultura tecnologica di più linguaggi. Un nuovo tipo di santità è qualcosa che scaturisce d'improvviso, è un'invenzione. Come dice Simone Weil,

> essa esige più genio di quanto sia occorso ad Archimede per inventare la meccanica e la fisica, una santità nuova è un'invenzione più prodigiosa.

Tutte le riflessioni scientifiche sul sacro conducono a riflettere sulla modernizzazione e quindi sulla secolarizzazione.

3.3 La fine della speranza

Nessun film o poesia di Pasolini prende forma prescindendo da una riflessione su ciò che è stato.

All'interlocutore che afferma: «Il presente è dunque il tempo dell'ambiguità, è il momento della decadenza».

Pasolini risponde:

> L'inferno. [...] La fine di *un* mondo [...]. Marxisti o no siamo tutti coinvolti in questa fine del mondo [...]. La società non ha risolto più di quanto sia riuscito ad Edipo, il mistero della sua esistenza. Io guardo la faccia d'ombra della realtà perché l'altra non esiste ancora.[270]

---

[270] P.P. Pasolini, "L'Apocalisse secondo Pasolini", cit., p. 1448.

In ciò consiste il rifiuto definitivo della cultura di una sinistra ottimistica, di quell'ottimismo democratico di cui abbiamo già avuto modo di parlare.

> Quando la storia si è compiuta e si è preso un certo distacco, è possibile definire i meccanismi attraverso i quali, una volta conclusa la mutazione di valori, l'uomo è diventato depositario di valori nuovi: tanto quanto è difficile definire la sua futura configurazione morale.[271]

La ragione della difficoltà di Pasolini di pensare il futuro orizzonte morale della società coinvolta dalla modernizzazione è connessa alle ragioni del venire meno della speranza. Una di esse risiede nella rottura di quel rapporto tra intellettuali e popolo che egli aveva sempre incarnato nelle risposte ai lettori su "Vie nuove". Pasolini si rende conto di non poter più parlare con le masse. All'inizio dell'intervista ha affermato infatti: «Sono piuttosto pessimista sulle loro possibilità di accedere alla mia opera»,[272] per pronunciare qui una verità essenziale:

> Nell'attuale situazione, il contatto con le masse non può essere stabilito tramite prodotti autenticamente culturali, prodotti d'arte. Queste masse sono condizionate ad essere ricettive ai prodotti di serie.[273]

Pasolini capisce che la divulgazione è molto pericolosa per l'intellettuale, perché lo induce a una sorta di servomeccanismo: si scrive per la massa e non più per la verità. Le sue considerazioni esprimono una concezione fortemente aristocratica della cultura: sono le masse a doversi adeguare, elevandosi all'arte, non l'arte a doversi porre al livello del popolo. È l'opposto dello zdanovismo, dell'asservimento dell'arte alla politica o all'industria culturale, che è poi l'essenza stessa del modello tecnico della ripetizione, della volgarizzazione: l'enciclopedia del giardinaggio e quella di filosofia, infatti, si vendono indifferenziatamente allo stesso pubblico.

---

[271] *Ivi*, pp. 1449-1450.

[272] P.P. Pasolini, "...Pasolini non risponde più...", in *Il sogno del centauro*, cit., p. 1451.

[273] *Ivi*, pp. 1451-1452.

Di fronte al cambiamento sopravvenuto con la nascita dell'industria culturale, Pasolini non riesce più a nutrire alcuna speranza nei contenuti, non riesce più a interagire con l'arte. La più forte polemica intrapresa da Pasolini è quella nei confronti del Gruppo 63, emblema dell'avanguardia in letteratura; in realtà, i due schieramenti non sono poi così lontani: entrambi cercano un linguaggio che metta in crisi l'uomo, o meglio, lo spettatore medio, i suoi rapporti con il linguaggio dei mass media, delineando così una possibilità di distacco dal conformismo. Tutti i suoi film inseguono questa via, giungendo spesso all'estetismo, a una forma di decadenza, all'insistenza sul degrado, sulla violenza sessuale, come in *Salò o le 120 giornate di Sodoma*. Già le sue prime realizzazioni cinematografiche, destinate a fare scuola, incarnano un distacco dalla tradizione: è per esempio il caso del *Vangelo secondo Matteo*, dove per la prima volta Cristo cessa di essere rappresentato come trionfante, per apparire come umile, riproponendo così il gesto caravaggesco di far interpretare, nei suoi quadri, il ruolo della Madonna a una modella che è anche prostituta. In questo film è già presente uno scarto dall'ufficialità, una rottura del codice linguistico. Ad accorgersene per prima è l'associazione francese di cinema cattolico, che parla infatti del film come di una novità assoluta. «L'opera cinematografica che Lei elabora, la ritiene accessibile alle "masse", abbastanza leggibile da metterle in crisi?".
Risponde Pasolini

No, credo di no. [...] Se posso dare attualmente l'impressione di ricercare un linguaggio ermetico e prezioso, apparentemente aristocratico, è proprio perché considero la tirannia dei mass media come una forma di dittatura cui mi rifiuto di fare la minima concessione.[274]

La perdita della speranza in Pasolini si percepisce anche nelle sue considerazioni sulla lingua italiana e sulla possibilità di utilizzarla a fini creativi. L'italiano, così come viene diffuso, è talmente "tecnologizzato", unificato dall'alto tramite la televisione e la *ko-*

---

274 *Ibidem.*

inè, da essere diventato addirittura inservibile per la creazione di un'opera letteraria. Leggendo le ultime lettere di Pasolini si intuisce che non è più propenso a scrivere poesie né opere letterarie poiché sente che dovrebbe reinventare una lingua appropriata. Durante la giovinezza, del resto, aveva scritto le sue poesie in una lingua che non possedeva, il friulano, e che tuttavia alla metà degli anni Settanta era ormai divenuta una lingua artificiale, non appartenente più al popolo, ma insegnata a scuola. Non era più una lingua che si riproduceva tramite l'oralità, ma un espediente della cultura alta, la quale non era più la cultura di un singolo, come nel caso di Di Giacomo rispetto al dialetto napoletano, ma il trucco di un'istituzione, della scuola dell'obbligo, che Pasolini vorrebbe colpire nella sua parossistica volontà di contestazione. Egli ritiene che l'italiano abbia perso tutta la sua genuinità, o meglio, che non ne abbia mai avuta una: prima dell'avvento del potere televisivo, infatti, l'italiano era una lingua per letterati, per dotti. Il consumo e l'aumento del tenore di vita hanno trasformato l'italiano in una lingua da insegnare nella scuola pubblica, a cui le masse non hanno mai avuto accesso. E tuttavia la televisione si sovrappone a questo processo. Negli anni Cinquanta e Sessanta *Il Musichiere* insegnava sì l'italiano, ma come una lingua aulica, che sarebbe rimasta inutilizzata dalle grandi masse.

Questo mutamento porta la poesia di Pasolini a una decadenza. *Trasumanar e organizzar* è già un'opera estenuata, con una lingua troppo aulica, letteraria, che non riesce a stare al passo con il cambiamento. Negli ultimi anni di vita Pasolini si esprime più come polemista che come scrittore. Anche il suo ultimo romanzo, *Petrolio*, è un impasto di esperimenti linguistici che difficilmente riescono ad amalgamarsi.[275]

[275] È lo stesso percorso compiuto da Gadda quando aveva cercato di inventare un italiano romanzesco che non fosse incentrato sul fiorentino. In questo, Gadda è uno degli scrittori più interessanti e più vicini alle tematiche di Pasolini, pur essendo umanamente molto diverso, una persona d'ordine, senza grande interesse per la politica

Nel cinema Pasolini vede invece una lingua universale: come
sosteneva il grande linguista Jakobson, un film potrebbe perfino essere muto, perché parla con il linguaggio dei segni di cui
la parola è una componente opzionale. Lo dimostra il cinema
di Eisenstein, da *La corazzata Potemkin* ai film sulla rivoluzione
messicana. Ancora oggi, se guardiamo un film di Truffaut senza
l'audio, per quanto la parola rappresenti un elemento irrinuncia-
bile possiamo capire i contenuti del film grazie al linguaggio universale che lo connota. L'essenzialità semantica del cinema non è
la parola ma l'immagine, a cui si possono aggiungere la parola e la
musica; il cinema è molto più vicino alla fotografia. È attraverso il
cinema e le sue forme espressive, infatti, non già tramite il teatro –
cui sostanzialmente non ricorre –, che Pasolini testimonia la sua
posizione contestativa, rimanendo in ciò legato a una cultura che
vuole rapportarsi con le masse. In questo senso la fotografia, che
è priva di trama, gli avrebbe forse consentito una forma espressiva
ancor più puntuale. I personaggi dei suoi ultimi film parlano in
italiano, mentre nei film della giovinezza era spesso presente una
componente dialettale o di italiano "imbastardito", romanizzato.
Forse questa scelta della maturità esprime la sua contestazione della scrittura, la sua possibile decisione di abbandonarla.

Nell'intervista "La contestazione", contenuta nel *Sogno del
centauro*, Pasolini torna alla critica discutendo di arte.

> L'opera poetica, in particolare, costituisce sempre un'impresa "conte-
> stataria", nella misura in cui, infrangendo il codice, essa innova rispet-
> to ad esso, e al contesto sociale in cui vige tale codice.[276]

Pasolini prosegue e afferma:

> Quando parlo di natura, bisogna sempre intendere il "mito della na-
> tura": mito antihegeliano e antidialettico, perché la natura non cono-
> sce i "superamenti".[277]

---

[276] P.P. Pasolini, "La contestazione", in *Il sogno del centauro*, cit., p. 1459.
[277] *Ivi*, p. 1461.

Qui il mito è antihegeliano in quanto non deve consentire la sintesi, ma un'espressione contadina, sacra, che per sua natura non può essere assorbita dalla società. Quali sono le ragioni del ritorno al mito?

> La "mitizzazione" della natura implica la "mitizzazione" della vita quale era concepita dall'uomo prima dell'era industriale e tecnologica, all'epoca in cui la nostra civiltà si organizzava intorno ai modi di produzione agraria.[278]

Il mito consente a Pasolini di riprodurre un mondo armonico pre-civilizzato, che non si concretizza più attraverso la letteratura, bensì attraverso il cinema.

> È realista solo chi crede nel mito, e viceversa. li "mitico" non è che l'altra faccia del realismo.[279]

Pasolini non intende qui il realismo come neorealismo, bensì come realtà immaginaria. Alla domanda dell'intervistatore se può esplicitare un suo prodotto che meglio incarni questo principio, Pasolini risponde che sta lavorando a un film su san Paolo (che rimarrà incompiuto a causa della sua morte) e l'ideologia religiosa del tempo, la gnosi, sulla conoscenza mistica e mitica attraverso le correnti del pensiero ellenistico. Se i Vangeli affrontano una mediazione tra l'ebraismo e/o giudaismo e il cristianesimo, Paolo deve invece mediare con l'ellenismo, con lo gnosticismo.

> E vado scoprendo sempre più in positivo, man mano che studio i mistici, che l'altra faccia del misticismo è proprio il "fare", l'"agire", l'azione.[280]

È un tema che ritorna in *Trasumanar e organizzar*, l'ultima opera poetica scritta da Pasolini:

---

278 *Ibidem.*
279 *Ivi*, pp. 1461-1462.
280 *Ivi*, p. 1462.

L'altra faccia della "trasumanizzazione" [...], ossia dell'ascesa spirituale, è proprio l'organizzazione. [...] Ci sarebbe molto da dire sui popoli che, secondo noi, agiscono solo a livello pratico, pragmatico; sono sempre ascetici e profondamente religiosi.[281]

La religione e l'ascetismo danno loro la forza morale dell'organizzare, la grande forza trasformatrice della santità, che è sempre produttrice di opere. In queste considerazioni di Pasolini emerge in tutta la sua forza la crisi di un intellettuale che considera la letteratura un'arma ormai spuntata per la contestazione. Tuttavia, l'opposizione all'esistente attraverso il principio speranza si realizza comunque tramite strutture significanti che si distanziano fortemente dalla politica e dall'agire politico.

Peraltro, un altro argomento di grande interesse nel discorso di Pasolini è che la metamorfosi neocapitalistica, che investe tutte le classi sociali nelle loro culture, nella distruzione degli universi culturali isolati com'erano quelli delle classi subalterne, investe anche i contestatori, quanti si oppongono, sostanzialmente, alla modernizzazione. È un filone, questo, molto vicino ai temi della scuola di Francoforte: nello stesso momento in cui i contestatori si oppongono alla modernizzazione vengono integrati, cioè realizzano una mimesi con alcuni presupposti, modelli linguistici e stilemi comportamentali imposti dalla modernizzazione medesima. Una parte del *Sogno del centauro* è espressamente incentrata su questo tema. L'incipit di uno degli scritti raccolti postumi nel volume *Il caos* chiarifica bene in quale contesto, rispetto ai rapporti tra cultura alta e masse, si realizzi questo processo secondo Pasolini: nel definitivo venire meno del rapporto tra intellettuali e popolo. C'è quasi una puntigliosa demarcazione della solitudine degli intellettuali:

L'intellettuale è cacciato dai centri della borghesia (e relegato nel ghetto dove stanno i poeti, magari autorevoli), e, per il mondo operaio, non è che un testimone esterno.[282]

---

[281] *Ibidem.*

[282] P.P. Pasolini, "... È i contestatori", in *Il sogno del centauro*, cit., p. 1463.

Come mai neppure la contestazione riesce a riallacciare i rapporti tra intellettuali e popolo?

Un fenomeno tipico di tutte le civiltà sottoposte alla modernizzazione e all'avvento della grande industria è la rottura del rapporto con la cultura, che un tempo si realizzava prevalentemente nella socializzazione secondaria. La questione dei rapporti tra intellettuali e popolo si presenta in Italia in una configurazione ben più drammatica che altrove: l'intensità e l'estrema rapidità che caratterizzano il processo di modernizzazione fanno sì che la perdita dell'egemonia culturale da parte dell'intellettuale tradizionale si manifesti con una forza dirompente e una violenza inaudita. Pasolini ritiene che la contestazione degli studenti sia segnata dal fatto che questi vivono, al proprio interno, nel loro stesso movimento, il distacco tra gli intellettuali e il popolo. A una delle domande frequentemente rivoltegli in merito al suo giudizio sui giovani contestatori, Pasolini risponde che questi non provano poi un grande bisogno di cultura, né di rapportarsi agli intellettuali:

> Credo di poter affermare che una delle ragioni essenziali della grande inquietudine dei giovani di oggi è appunto l'ignoranza di cui si compiacciono; direi anzi di una certa qualità d'ignoranza.[283]

Quello degli studenti è l'attivismo, la riproposizione dell'attualismo gentiliano. Il grande problema è l'ignoranza, il culto della violenza, della forza, dell'azione. Gli studenti non avvertono il bisogno di reclutare poeti tra le loro file: non amano la cultura, sono "sottoculturati", non leggono, non conoscono i classici.

> Un buon tecnico deve ignorare il passato; deve amare soltanto il "fare". Distruggendo la propria cultura, la massa informe dei contestatori distrugge la cultura della società borghese: ed è quello che la società borghese oggi vuole.[284]

283 *Ibidem.*
284 *Ivi*, p. 1464.

È un aspetto della reificazione.

Prima dell'avvento della rivoluzione studentesca l'attivismo intellettuale rappresentava una minoranza; in altre parole, gli intellettuali non si politicizzavano a livello di massa. Il movimento studentesco, invece, è un movimento delle classi medie, che tuttavia non riesce a esprimere una cultura propria. Recepisce la sinistra estremistica oppure i miti rifiutati dalla stessa sinistra già negli anni Sessanta, come lo stalinismo o il maoismo, esprimendo nello stesso tempo l'incapacità della cultura alta di parlare alle generazioni che si mobilitano all'interno delle classi medie.

Perché la nostra cultura ha raggiunto questo grado di saturazione? Perché è stata plasmata allo stampo del mondo pre-industriale e paleoindustriale.[285]

La rapidità della modernizzazione economica non ha consentito alla cultura alta di esprimere una propria cultura dell'industrializzazione.

Ciò è evidente in letteratura: solo un numero esiguo di scrittori si è occupato della modernizzazione industriale oltre al critico e apocalittico Pasolini che la vede però sempre dall'esterno, e a pochi altri intellettuali come Paolo Volponi, che analizza la realtà di fabbrica, o Ottiero Ottieri con *Donnarumma all'assalto*, che già nel 1959 indaga i riflessi psicologici e psicanalitici della rapida modernizzazione.

Perché la cultura alta non ha resistito all'impatto dell'industria culturale? Perché in Italia non esistono grandi divulgatori, ossia una letteratura di massa che si occupi con pertinenza delle questioni sociali senza essere troppo specialistica? Perché le grandi accademie non svolgono anche un'attività di informazione? La risposta risiede, a parer mio, nel fatto che gli intellettuali, i cui miti si sono formati nella società agraria e agricolo-commerciale, non hanno avuto il tempo di adeguarsi alla società industriale. I

---

285 *Ibidem.*

miti, le tradizioni, gli stilemi, le forme di comportamento avrebbero dovuto adeguarsi quasi subitaneamente alla nuova società industriale in rapidissima evoluzione.

> I suoi ideali non sono più adatti alle tensioni, agli imperativi dell'esistenza moderna, dato che il capitalismo li respinge. I giovani che entrano nel mondo capitalistico, probabilmente senza nessun calcolo, rinunciano brutalmente ai valori che vigevano nel sistema paleocapitalistico, o capitalistico tradizionale. In apparenza, quindi, lottano contro questo neocapitalismo, ma in effetti ubbidiscono a loro insaputa alle sue esigenze sacrileghe.[286]

L'attivismo degli studenti non ha significato altro che un rapido adeguamento al neocapitalismo, tradottosi nella necessità non di dotarsi di una cultura alta e di un rapporto tra intellettuali e popolo, ma di aderire a un'industria culturale già mercificata e serializzata.

> Mi pare che in fondo tutti questi movimenti di contestazione, studenteschi o altro, non sono che semplici parentesi nella storia dell'umanità. Oggigiorno, la storia determina il suo orientamento in funzione di uno scopo unico: industrializzazione totale del pianeta. [...] Ma l'umanità, considerata dall'alto, tende in modo uniforme a questa industrializzazione totale e al dominio universale della tecnologia sul pianeta.[287]

Secondo Pasolini il neocapitalismo si afferma proprio perché i giovani si allontanano dalla cultura, si rassegnano alla situazione:

> Usano contro il neocapitalismo armi che portano in realtà il suo marchio di fabbrica e sono quindi destinate soltanto a rafforzare il suo dominio.[288]

L'immagine generalmente proposta di Pasolini critico del Sessantotto è quella di un populista. Spesso viene ricordata, per

---

[286] *Ibidem.*
[287] *Ivi,* pp. 1464-1465.
[288] *Ivi,* p. 1465.

esempio, la sua poesia *Il Pci ai giovani!!*, scritta in occasione degli scontri di Valle Giulia. I giornali e il mondo borghese che tra quegli studenti ha i propri figli e che si produce in una tipica manifestazione di familismo amorale (si tratta degli stessi borghesi che mai si sono espressi contro le violenze degli operai della Fiat), si scagliano contro la polizia, mentre Pasolini nella sua poesia, pubblicata su "Nuovi Argomenti" nell'aprile del 1968, prende le difese dei poliziotti, figli di povera gente del Sud. È una provocazione letteraria che introduce una semplificazione eccessiva della realtà, che viene però assunta come motivo dominante dell'atteggiamento pasoliniano verso il movimento studentesco. Il discorso di Pasolini è molto più profondo. Non è questione di scegliere se piangere la polizia o gli studenti: si tratterebbe di un discorso troppo immediatamente politico che non appartiene alla sua cultura, per certi versi antipolitica. La sua è invece una logica di matrice francofortiana: la rapida modernizzazione neocapitalistica è ormai così diffusiva da inglobare in sé anche i movimenti di contestazione, quando questi si rifiutano di conservare elementi del vecchio mondo, essenziali alla stessa modernizzazione, investito dalla contestazione.

Gli studenti rifiutano la cultura alto-borghese, che è il patrimonio storico dell'umanità, perché la identificano come la cultura di un mondo che ritengono di dover distruggere, e che Pasolini vuole invece salvare dalla modernizzazione. La cultura alta richiede un atteggiamento non di consumo, tipico dell'industria culturale, ma di conquista intima della singola persona, che può, da sola, riappropriarsi del sacro e del personalismo simbolico e che si oppone al dilagante meccanismo dell'economia monetaria.

Negli *Scritti corsari* Pasolini affronta la questione della dialettica tra integrazione dei valori e alta cultura e, nello stesso tempo, tra l'esperienza del mondo delle classi subalterne e quella della civiltà contadina che sta per scomparire. Un contributo importante è rappresentato da un'intervista curata da Guido

Vergani, "Ampliamento del bozzetto, sulla rivoluzione antropologica in Italia", uscita sul "Mondo" nel 1974, in cui vengono ripresi molti temi cari a Pasolini. In questo saggio si ritrova lo stesso filo rosso che lega il giudizio sul movimento studentesco come movimento integrato alla constatazione dell'assimilazione in corso sul terreno della cultura. Mentre le grandi masse sono state integrate, certamente sul terreno della cultura ma anche e soprattutto su quello dell'aumento del reddito e della mobilitazione sociale verticale, l'integrazione delle classi medie avviene invece attraverso una reificazione dei propri modelli culturali. La borghesia distrugge la sua stessa cultura, mette in discussione i suoi intellettuali, come se la rivoluzione neocapitalistica, per avverarsi, dovesse divorare i propri figli...

La debolezza di ogni processo di modernizzazione accelerata risiede proprio nell'insufficienza di una morale di sostegno e nella mancanza di grandi ideologie che supportino il modello che avanza. La prima grande industrializzazione aveva portato con sé una morale vittoriana e la repressione degli istinti sessuali, fondamentale, come abbiamo visto, per il disciplinamento delle masse. Tutto ciò aveva avuto un andamento secolare. Negli Stati Uniti, in Inghilterra, in Francia, grazie alla trasformazione delle università, grandi istituzioni di socializzazione secondaria che mutano con l'avanzare dell'industrializzazione, può prodursi una morale di sostegno attraverso la diffusione di nuovi valori. In Italia, invece, questi processi avvengono troppo rapidamente, al pari di quanto accade oggi in Asia, in particolare in paesi piccoli come Taiwan, Singapore, Hong Kong e la Corea del Sud, tutti segnati da un'industrializzazione rapidissima e attraversati dagli stessi cambiamenti vissuti dall'Italia negli anni Sessanta.

Uno dei motivi di fondo della riflessione pasoliniana è proprio il rapporto tra cultura economica nelle modernizzazioni accelerate. Gli intellettuali italiani, a suo giudizio, sono incapaci di comprendere "l'altro", ciò che avanza. Prosegue infatti Pasolini:

> Noi intellettuali tendiamo sempre a identificare la "cultura" con la nostra cultura [...]. Questo significa: 1) che non usiamo la parola "cultura" nel senso scientifico, 2) che esprimiamo, con questo, un certo insopprimibile razzismo verso coloro che vivono, appunto, un'altra cultura. [...] Il pre-morale e il pre-ideologico esistono solo in quanto si ipotizzi l'esistenza di una sola morale, di una sola ideologia storica giusta [...] Esiste semplicemente un'altra cultura (la cultura popolare) o una cultura precedente.[289]

Questa riflessione gli è utile per capire come sta mutando la cultura degli italiani rispetto alla modernizzazione.

> Milioni di italiani hanno fatto delle scelte [...]: per esempio molti milioni di italiani hanno scelto il marxismo, o quanto meno il progressismo, altri milioni di italiani hanno scelto il clerico-fascismo [definizioni abbastanza discutibili, N.d.A.]. Tali scelte, come sempre avviene, si sono innestate in una cultura. Che è appunto la cultura degli italiani. La quale cultura degli italiani è frattanto, però, completamente cambiata. No, non nelle idee espresse, non nella scuola, non nei valori portati coscientemente. [...] La cultura italiana è cambiata nel vissuto, nell'esistenziale, nel concreto.[290]

Non esiste più, nella cultura, la divisione tra classi sociali, e questo, per Pasolini, va oltre le definizioni politico-partitiche, oltre la sua idea di fascismo o di marxismo.

> Il cambiamento consiste nel fatto che la vecchia cultura di classe (con le sue divisioni nette: cultura della classe dominata, o popolare, cultura della classe dominante o borghese, cultura delle *élites*), è stata sostituita da una nuova cultura interclassista: che si esprime attraverso il modo di essere degli italiani, attraverso la loro nuova qualità di vita. Le scelte politiche, innestandosi nel vecchio *humus* culturale, erano una cosa: innestandosi in questo nuovo *humus* culturale sono un'altra. [...] Chi ha manipolato e radicalmente (antropologicamente) mutato le grandi masse contadine e operaie italiane è un nuovo potere che mi è difficile definire: ma di cui sono certo che è il più

---

[289] P.P. Pasolini, "11 luglio 1974. Ampliamento del "bozzetto" sulla rivoluzione antropologica in Italia", in *Scritti corsari*, cit., p. 325.

[290] *Ivi*, p. 326.

violento e totalitario che ci sia mai stato: esso cambia la natura della gente, entra nel più profondo delle coscienze. Dunque, sotto le scelte coscienti, c'è una scelta coatta, "ormai comune a tutti gli italiani": la quale ultima non può che deformare le prime.[291]

Pasolini esplora il tema, preso in esame da una minoranza di pensatori, del rapporto tra psicoanalisi e politica o fra antropologia e politica. Ne aveva parlato la scuola di Francoforte, e in particolare Neumann in *Behemoth*, una storia critica del nazionalsocialismo e insieme un'analisi del regime hitleriano. Behemoth è il mostro biblico del disordine, dell'entropia, che si accompagna al Leviatano. Quest'ultimo impone l'ordine con la violenza e, attenendosi a una sorta di legge, determina un ricorso regolare alla forza da parte dello Stato attraverso l'instaurazione di una dittatura volta a impedire la guerra dell'uomo contro i suoi simili. Già Hobbes aveva intitolato così un suo testo fondamentale, *Behemoth or the Long Parliament* (1682), incentrato sulla crisi dei primi parlamenti inglesi impegnati nella lotta contro il sovrano. La stabilità delle Assemblee parlamentari inglesi sarà conquistata al prezzo dell'autoscioglimento, nonché della decapitazione di re Carlo I (1649) nella prima grande rivoluzione dell'età moderna.

Il mutamento intervenuto nelle coscienze è stato la scelta coatta, come afferma Pasolini ricorrendo alla terminologia freudiana, di un potere invisibile. Lasciata la Germania Neumann, che studia il condizionamento psicologico operato dal nazismo sulle masse, scrive *Angoscia e politica*, riprendendo molti concetti freudiani per spiegare come l'oscuramento, la deviazione e la rimozione di certi impulsi avvengano in modo subliminale e indotto, attraverso la propaganda, introducendo nell'elemento politico un dato completamente nuovo: l'assenza di razionalità.

Pasolini è il primo, in Italia, a cogliere questo elemento: l'industria culturale contribuisce ad abbassare il grado di razionalità nelle scelte politiche, dettate, nella maggior parte dei casi, da mes-

---

291 *Ivi*, pp. 326-327.

saggi subliminali. L'elemento di fondo di tale cultura subliminale è l'edonismo, il culto del piacere, che nella società neocapitalistica si traduce nel culto del consumo. Come il vittorianesimo ebbe la sua morale nella repressione degli istinti e nell'instaurazione della disciplina, così l'espansione indefinita del consumismo è la morale del nuovo capitalismo, della rivoluzione neo-tecnologica e neocapitalistica. Una moralità edonistica: è questo il vero elemento che unifica gli italiani, una morale interclassista in grado di generare, in futuro, precisi cambiamenti politici.

È stata la propaganda televisiva del nuovo tipo di vita "edonistico" che ha determinato il trionfo del "no" al *referendum*.[292]

Nel 1974 si assiste infatti alla vittoria del referendum sul divorzio. Lo schieramento liberale, nella sua totalità, intende affermare il principio civile atto a garantire agli uomini e alle donne la possibilità di liberarsi dal vincolo matrimoniale, senza che sia sempre la donna a pagarne il prezzo maggiore. I due grandi partiti di massa sono però titubanti. Il Pci è timoroso di aderire alla campagna a favore del divorzio, non perché sia antidivorzista ma perché teme di essere sconfitto. Anche i democristiani temono di perdere, ma per opposti motivi. La Chiesa è contraria al divorzio, ma non quanto la Dc. Paolo VI e ancora vivo e le sue posizioni sulla morale sessuale sono ben note: già si dibatte sulla legittimità del contraccettivo: trent'anni fa la Chiesa era titubante per motivi teologali, teologici. A essere convinto che il referendum sarà una grande vittoria per gli antidivorzisti è Amintore Fanfani, segretario della Dc e capo del governo. È la prima volta che un segretario del partito democristiano è al contempo capo del governo, cosa che la Dc non ha mai voluto, perché aveva sempre lottato per una divisione di poteri tra partito e governo.

Contrariamente a ogni previsione, il divorzio vince. Votano a favore soprattutto le donne. L'opinione pubblica e alcuni espo-

---

[292] *Ivi*, p. 328.

nenti politici si interrogano su questo voto: lo fa Moro, all'interno della Dc, e lo fa anche Berlinguer, che ha fondato tutta la sua strategia sul legame con il mondo cattolico, così come La Malfa che, da laico, si chiede se il divorzio sia davvero un valore laico. Pasolini imputa la responsabilità del trionfo dei voti favorevoli al divorzio alla propaganda televisiva del nuovo modello di vita edonistico. A suo giudizio non si tratta di una scelta civilmente laica, ma di una scelta subliminale, indotta.

> Non c'è niente infatti di meno idealistico e religioso del mondo televisivo. È vero che in tutti questi anni la censura televisiva è stata una censura vaticana. Solo però che il Vaticano non ha capito che cosa doveva e cosa non doveva censurare.[293]

Il cambiamento di mentalità si spiega dunque con qualcosa che va ben oltre la razionalità della censura vaticana dei programmi televisivi: la disapprovazione dei seni delle donne o delle gambe delle gemelle Kessler non bastano, infatti a spiegare l'adesione all'edonismo.

> Doveva censurare per esempio "Carosello", perché è in "Carosello", onnipotente, che esplode in tutto il suo nitore, la sua assolutezza, la sua perentorietà, il nuovo tipo di vita che gli italiani "devono" vivere. E non mi si dirà che si tratta di un tipo di vita in cui la religione conti qualcosa. [...] Il bombardamento ideologico televisivo non è esplicito: esso è tutto nelle cose, tutto indiretto.[294]

Nel 1974, solo Pasolini aveva già intuito l'immane capacità persuasiva della televisione.

Il rapporto tra intellettuale e popolo si spezza proprio perché viene sostituito da un rapporto ben più pervasivo, che si concretizza nella relazione tra l'industria culturale e un popolo, che non è più, specificamente, il proletariato, il sottoproletariato o i contadini, ma l'indistinta massa amorfa degli italiani.

---

293 *Ibidem.*
294 *Ibidem.*

Il tipo di uomo o di donna che conta, che è moderno, che è da imitare e da realizzare, non è descritto o decantato: è rappresentato! Il linguaggio della televisione è quello fisico-mimico, il linguaggio del comportamento. [...] Gli eroi della propaganda televisiva – giovani su motociclette, ragazze accanto a dentifrici – proliferano in milioni di eroi analoghi nella realtà.[295]

La televisione è pragmatica, mai metaforica: mira sempre a uno scopo. Le pubblicità fondate su associazioni analogiche, infatti, di solito non hanno successo perché il messaggio si disperde nella metafora, richiede uno sforzo psichico che il pubblico televisivo non è in grado di fare.

Appunto perché perfettamente pragmatica, la propaganda televisiva rappresenta il momento qualunquistico della nuova ideologia edonistica del consumo: e quindi è enormemente efficace.[296]

Qual è il rapporto con il divorzio? L'edonismo è, in una società associata, anche edonismo sessuale. Lo stesso Bernabei, dirigente Rai, è convinto di difendere i valori della morale cattolica, non capendo di essere attore della televisione del consumo. Le considerazioni espresse da Pasolini in "26 luglio 1974. In che senso parlare di una sconfitta del Pci al referendum" scatenano alcune polemiche. Il direttore dell'"Unità" Maurizio Ferrara, che si distingue all'interno del Partito comunista per la sua ideologia particolarmente radicale e dura, contesta la tesi di Pasolini asserendo che, in fondo, non si è trattato dell'emergere di una rivoluzione antropologica (tesi condivisa da gran parte del Pci), ma di una vittoria politica. Semplicemente, i votanti hanno voluto punire la Democrazia cristiana, il discorso sull'edonismo era propriamente marginale.

Questa tesi contiene peraltro una parte di verità. Il periodo segna l'inizio di una crisi per la Dc, come dimostreranno le ele-

<hr>

295 *Ivi*, pp. 328-329.
296 *Ivi*, p. 329.

zioni successive con il più alto picco di voti antidemocristiani mai toccato nella storia italiana. La Dc è stata temporaneamente abbandonata anche da parte del suo stesso elettorato, soprattutto dalle donne; il referendum sul divorzio esprime dunque non già un voto politico, bensì un mutamento antropologico: a emergere qui per la prima volta è un elemento di libertà.

Secondo Pasolini questa nuova libertà costituisce in realtà nuova schiavitù, in quanto non viene assunta consapevolmente, ma si trasforma in mero "consumo" della sessualità.

> Ritengo di poter ragionevolmente sostenere che il problema italiano non ha problemi equivalenti nel resto del mondo capitalistico. Nessun paese ha posseduto come il nostro una tale quantità di culture "particolari e reali" [...]. Negli altri grandi paesi c'erano già state In precedenza imponenti "acculturazioni": a cui l'ultima e definitiva, quella del consumo, si sovrappone con una certa logica.[297]

Come mai il Sud, quel Sud arcaico in cui la Dc registra schiaccianti maggioranze in tutte le città, ha votato a favore del referendum? Pasolini sostiene che il Sud non va né a sinistra né a destra, ma, del resto come l'Italia intera, solo verso la società dei consumi.

> Lei sa che l'Italia vive a vari livelli economici, culturali, storici. Questa varietà di livelli si infrange negli individui, facendone dei casi sempre un po' impalpabili, sfuggenti, difficilmente definibili. D'altra parte ciò non li preserva dallo "standard", dal conformismo, che uguaglia e ... livella. Infatti la convenzionalità, il conformismo la standardizzazione si superano soltanto con la coscienza critica, con un alto, sviluppato, adulto senso civile: e questo purtroppo non è il caso degli italiani, che sono dunque da una parte instabili, misteriosi irrazionali – tendenti a sfuggire alle definizioni della "media" – dall'altra parte sono elementarmente parificati e codificati – tendenti a rientrare sempre in un tipo medio meccanicamente fisso.[298]

[297] P.P. Pasolini, "26 luglio 1974. In che senso parlare di una sconfitta del Pci al referendum", in *Scritti corsari*, cit., p. 346.

[298] P.P. Pasolini, "Il risveglio dei giovani", 1960, in *I dialoghi*, Editori Riuniti, Roma 1992, p. 21.

Nota bibliografica

Alatri P., (a c. di), *Scritti politici di J.-J. Rousseau*, UTET, Torino 1970.

Allum P.A., *Potere e società a Napoli nel dopoguerra*, Einaudi, Torino 1975.

Amin S., *L'accumulazione su scala mondiale: critica della teoria del sottosviluppo*, Jaca Book, Milano 1971.

Baget Bozzo G., *Il partito cristiano al potere. La Dc di De Gasperi e Dossetti 1945-1954*, Vallecchi, Firenze 1974.

Balestrini N., *Vogliamo tutto*, Feltrinelli, Milano 1971.

Balestrini N., *Prendiamoci tutto. Conferenza per un romanzo. Letteratura e lotta di classe*, Feltrinelli, Milano 1972.

Barthes R., *Elementi di semiologia*, Einaudi, Torino 1966.

Barthes R., *Il grado zero della scrittura*, Einaudi, Torino 1982.

Barthes R., *Scritti. Società, testo, comunicazione*, Einaudi, Torino 1998.

Bloch E., *Il principio speranza*, Garzanti, Milano 1994.

Bonazzi G., *Alienazione e anomia nella grande industria*, Avanti!, Milano 1964.

Canetti E., *La lingua salvata: storia di una giovinezza*, Adelphi, Milano 1980.

Dante Alighieri, *De monarchia*, Sansoni, Firenze 1950.

De Blasio A., *Appunti di antropologia*, Pierro, Napoli 1906.

De Martino E., *Il mondo magico. Prolegomeni a una storia del magismo*, Einaudi, Torino 1958.

De Martino E., *Morte e pianto rituale*, Bollati Boringhieri, Torino 1958.

De Martino E., *Sud e magia*, Feltrinelli, Milano 1959.

De Martino E., *Magia e civiltà*, Garzanti, Milano 1984.

De Martino E., *Storia e metastoria. I fondamenti di una teoria del sacro*, Argo, Lecce 1995.

De Martino E., *Naturalismo e storicismo dell'etnologia*, Argo, Lecce 1997.

De Martino E., *Furore, simbolo, valore*, Feltrinelli, Milano 2002.

De Mauro T., *Storia linguistica dell'Italia unita*, Laterza, Bari 1972.

De Rosa G., *Vescovi, popolo e magia nel Sud: ricerche di storia socio-religiosa dal 17° al 19° secolo*, Guida, Napoli 1983.

Di Giacomo S., *Lettere a Elisa 1906-1911*, a c. di E. Siciliano, Garzanti, Milano 1973.

Dostoevskij F., *I demoni*, Mondadori, Milano 1987.

Durkheim E., *Il suicidio*, UTET, Torino 1969.

Durkheim E., *La divisione del lavoro sociale*, Edizioni di Comunità, Torino 1999.

Durkheim E., Mauss M., *Sociologia e antropologia*, Newton Compton, Roma 1976.

Elias N., *O processo civilizador*, Zahar, Rio de Janeiro 1993.

Eliot T.S., *L'idea di una società cristiana*, Gribaudi, Milano 1998.

Engels F., *Po e Reno*, Rinascita, Roma 1952.

Engels F., *Antiduhring*, Editori Riuniti, Roma 1968.

Engels F., *La condizione della classe operaia in Inghilterra*, in K. Marx, F. Engels, *Opere*, vol. IV, Editori Riuniti, Roma 1972.

Fanon F., *I dannati della terra*, Einaudi, Torino 1962.

Friedmann F.G., *Miseria e dignità. Il Mezzogiorno nei primi anni Cinquanta*, Edizioni Cultura della Pace, S. Domenico di Fiesole 1996.

Ghirelli A., *La napoletanità*, Società editrice partenopea, Napoli 1976.

Gibbon E., *Storia della decadenza e caduta dell'impero romano*, Einaudi, Torino 1987.

Goody J., *L'ambivalenza della rappresentazione: cultura, ideologia, religione*, Feltrinelli, Milano 2000.

Gozzano G., *Tutte le poesie. La via del rifugio, I colloqui Le farfalle, Poesie sparse*, a c. di G. Spagnoletti, Newon Compton, Roma 1993.

Graziani A. (a c. di), *L'economia italiana dal 1945 a oggi*, il Mulino, Bologna 1982.

Habermas J., *Teoria della società o tecnologia sociale*, Etas Libri, Milano 1973.

Hegel G., *La fenomenologia dello spirito*, La Nuova Italia, Firenze 1973.

Hobbes T, *Behemoth*, a c. di O. Nicastro, Laterza, Bari 1979.

Hobsbawm E., T Ranger (a c. di), *L'invenzione della tradizione*, Einaudi, Torino 2002.

Horkheimer M., *Eclisse della ragione. Critica della ragione strumentale*, Einaudi, Torino 1969.

Horkheimer M., Adorno T., *Dialettica dell'Illuminismo*, Einaudi, Torino 1997.

Joyce J., *Ulisse*, Mondadori, Milano 1988.

Kerouac J., *Sulla strada*, Mondadori, Milano 1970.

Laclos, P. Choderlos de, *Le amicizie pericolose*, Einaudi, Torino 1970.

Le Bras G., *La chiesa e il villaggio*, Boringhieri, Torino 1979.

Lévi-Strauss C., *Babbo Natale giustiziato*, Einaudi, Torino 1967.

Lévi-Strauss C., *Il pensiero selvaggio*, il Saggiatore, Milano 1990.

Lewis N., *Napoli '44*, Adelphi, Milano 1993.

Loisy A., *Memorie per la storia religiosa dei nostri tempi*, Feltrinelli, Milano 1961-1962.

Marcuse H., *L'uomo ad una dimensione*, Einaudi, Torino 1967.

Marx K., *Antologia di scritti sociologici*, a c. di G. Poggi, il Mulino, Bologna 1977.

Marx K., Engels F., *Manifesto del partito comunista*, Editori Riuniti, Roma 1991.

McLuhan M., *Gli strumenti del comunicare*, il Saggiatore, Milano 1967.

Montaldi D., *Autobiografie della leggera*, Einaudi, Torino 1961.

Morante E., *La storia*, Einaudi, Torino 1974.

Moravia A., *La ciociara*, Bompiani, Milano 2001.

Neumann F., *Angoscia e politica*, in "il Mulino", n. 6, novembre-dicembre 1972, pp. 110-123.

Neumann F., *Behemoth. Struttura e pratica del nazionalsocialismo*, Feltrinelli, Milano 1977.

Noventa G., *Hyde Park (o L'innocenza della cultura)*, Scheiwiller, Milano 1971.

Ohnet G., *Ricchezza inutile*, A. Salani Edit. Tip., Firenze 1927.

Ottieri O., *Donnarumma all'assalto*, Bompiani, Milano 1959.

Parca G., *Le italiane si confessano*, Feltrinelli, Milano 1964.

Parise G., *Poesie*, a c. di S. Perrella, Rizzoli, Milano 1998.

Parsons T., *Sistemi di società*, il Mulino, Bologna 1971.

Parsons T., *Il sistema sociale*, Edizioni di Comunità, Milano 1981.

Pasolini P.P., *Le ceneri di Gramsci*, Garzanti, Milano 1957.

Pasolini P.P., *Trasumanar e organizzar*, Garzanti, Milano 1976.

Pasolini P.P., *Canzoniere italiano. Antologia della poesia popolare*, 2 voll., Garzanti, Milano 1992.

Pasolini P.P., *I dialoghi*, Editori Riuniti, Roma 1992.

Pasolini P.P., *Petrolio*, Einaudi, Torino 1993.

Pasolini P.P., *Saggi sulla politica e sulla società*, Mondadori, Milano 1999.

Penna S., *Tutte le poesie*, Garzanti, Milano 1970.

Peristiany J.C., *Honor and Shame: the Values of Mediterranean Society*, Chicago University Press, Chicago 1974.

Peristiany J.C., Pitt-Rivers J. (a c. di), *Mediterranean Family Structures*, Cambridge University Press, Cambridge 1976.

Piccolo L., *Plumelia, La seta, Il raggio verde e altre poesie*, Scheiwller, Milano 2001.

Piccone Stella S., *La prima generazione. Ragazze e ragazzi nel miracolo economico italiano*, Franco Angeli, Milano 1993.

Polanyi K., *La grande trasformazione*, Torino, Einaudi 1981.

Poulat E., *Chiesa contro borghesia: introduzione al divenire del cattolicesimo contemporaneo*, prefazione di M. Guasco, Marietti, Casale Monferrato 1984.

Pound E., *Canti pisani*, Garzanti, Milano 1992.

Propp V., *Morfologia della fiaba*, Einaudi, Torino 1966.

Propp V., *Le radici storiche dei racconti di fate*, Boringhieri, Torino 1972.

Runciman W., *Ineguaglianza e coscienza sociale: l'idea di giustizia sociale nelle classi lavoratrici*, Einaudi, Torino 1972.

Sapelli G., *L'Italia inafferrabile: conflitti, sviluppo, dissociazione dagli anni Cinquanta a oggi*, Marsilio, Venezia 1989.

Sapelli G., *Storia economica dell'Italia contemporanea*, Bruno Mondadori, Milano 1997.

Sieyès E.J., *Che cos'è il terzo stato?*, Editori Riuniti, Roma 1992.

Silone I., *Fontamara*, Mondadori, Milano 1988.

Simmel G., *Forme dell'individualismo*, Armando, Roma 2001.

Sogno E., *Dalla Resistenza al Golpe bianco. Testamento di un anticomunista*, Mondadori, Milano 2000.

Tocqueville A., de, *La democrazia in America*, UTET, Torino 1981.

Volponi E, *Memoriale*, Milano, Garzanti 1962.

Volponi E, *Le mosche del capitale*, Einaudi, Torino 1989.

Weber M., *La città*, Bompiani, Milano 1979.

Weil S., *Quaderni I-IV*, a c. di G. Gaeta, Adelphi, Milano 1982.

Weil S., *Attesa di Dio. Obbedire al tempo*, prefazione di L. Boella, Rusconi, Milano 1988.

Weil S., *Lettera a un religioso*, a c. di G. Gaeta, Adelphi, Milano 1996.

Zanzotto A., *Dietro il paesaggio*, in *Poesie (19381986)*, Mondadori, Milano 1993.

Lista dei nomi citati

F

Fanfani, Amintore (politico italiano)
80, 210
Fanon, Frantz (filosofo francese) 145
Feltrinelli, Giangiacomo (editore
italiano) 103
Fenomenologia dello spirito (trattato
filosofico) 46
Ferrara, Maurizio (giornalista italiano)
212
Fiat (azienda italiana) 90, 125, 206
Flaiano, Ennio (scrittore italiano) 38
Fortini, Franco (poeta italiano) 132
Francesco d'Assisi (film) 79
Francoforte, scuola di 92-93, 98, 202,
209
Frate Ciccillo (personaggio di fantasia)
177
fratelli Karamazov, I (romanzo) 161
Freud, Sigmund (fondatore della
psicoanalisi) 101, 209
Friedmann, Friedrich George (sociologo
tedesco) 25
Friuli-Venezia Giulia 24

G

Gadda, Carlo Emilio (scrittore italiano)
199
Galilei, Galileo (scienziato italiano) 166
Gardini, Raul (imprenditore italiano)
151
Garzanti, Livio (editore italiano) 66
Gava (dinastia politica italiana) 156
Gentile, Giovanni (filosofo italiano) 127
Ghirelli, Antonio (giornalista italiano)
45
Giannone, Pietro (filosofo italiano) 47
Gibbon, Edward (storico inglese) 46
Giovanni XXIII (papa) 184
Girardot, Annie (attrice e cantante) 109
Gismondi, Arturo (giornalista italiano)
85
Giubileo del 2000 189
Goethe, Johann Wolfgang von (poeta e
scrittore tedesco) 47, 143
Goody, Jack (antropologo britannico) 149

Gozzano, Guido (poeta italiano) 59
grado zero della scrittura, Il (saggio) 64
Gramsci, Antonio (politico italiano) 5,
9, 35, 68-69, 78
Graziani, Augusto (economista italiano)
38, 149
Gruppo 63 (movimento letterario) 37,
198
Guglielmi, Angelo (critico letterario
italiano) 37
Guiducci, Roberto (sociologo italiano)
132

H

Hegel, Georg Wilhelm Friedrich
(filosofo tedesco) 46, 48, 93, 134, 154,
200-201
Heidegger, Martin (filosofo tedesco) 92,
160
Hitchcock, Alfred (regista inglese) 89
Hobbes, Thomas (filosofo britannico)
106, 209
Hobsbawm, Eric (storico inglese) 41
Horkheimer, Max (filosofo tedesco) 93,
177
Hugo, Victor (scrittore francese) 107,
167

I

Ibsen, Henrik (drammaturgo norvegese)
90
idea di una società cristiana, L' (saggio)
153
Ira (Irish Republican Army) 115
Italicus, strage dell' (attentato ferroviario)
175

J

Jakobson, Roman (linguista russo
naturalizzato americano) 200
Joyce, James (scrittore irlandese) 153
Junker (famiglia prussiana) 139

K

Karamanlis, Costantino (politico greco)
144

Indice

www.ingramcontent.com/pod-product-compliance
Lightning Source LLC
Chambersburg PA
CBHW032349280326
41935CB00008B/500